Susanne Novaks • ... und sie brannten tief in meiner Seele

Susanne Novaks

... und sie brannten tief in meiner Seele

Schicksalserinnerungen

AUGUST VON GOETHE LITERATURVERLAG
IM GROSSEN HIRSCHGRABEN ZU FRANKFURT A/M

Das Programm des Verlages widmet sich
– in Erinnerung an die
Zusammenarbeit Heinrich Heines
und Annette von Droste-Hülshoffs
mit der Herausgeberin Elise von Hohenhausen –
der Literatur neuer Autoren.
Das Lektorat nimmt daher Manuskripte an,
um deren Einsendung das gebildete Publikum
gebeten wird.

©2012 FRANKFURTER LITERATURVERLAG FRANKFURT AM MAIN
Ein Unternehmen der Holding
FRANKFURTER VERLAGSGRUPPE
AKTIENGESELLSCHAFT AUGUST VON GOETHE
In der Straße des Goethehauses/Großer Hirschgraben 15
D-60311 Frankfurt a/M
Tel. 069-40-894-0 ✳ Fax 069-40-894-194
E-Mail: lektorat@frankfurter-literaturverlag.de

Medien- und Buchverlage
DR. VON HÄNSEL-HOHENHAUSEN
seit 1987

Websites der Verlagshäuser der Frankfurter Verlagsgruppe:

www.frankfurter-verlagsgruppe.de
www.frankfurter-literaturverlag.de
www.frankfurter-taschenbuchverlag.de
www.publicbookmedia.de
www.august-goethe-literaturverlag.de
www.fouque-literaturverlag.de
www.weimarer-schiller-presse.de
www.deutsche-hochschulschriften.de
www.deutsche-bibliothek-der-wissenschaften.de
www.haensel-hohenhausen.de

Bibliografische Information der Deutschen Nationalbibliothek
Die Deutsche Nationalbibliothek verzeichnet diese Publikation in der Deutschen
Nationalbibliografie; detaillierte bibliografische Daten sind im Internet
über http://dnb.d-nb.de abrufbar.

Lektorat: Dr. Andreas Berger
ISBN 978-3-8372-1138-2
ISBN 978-0-85727-139-6

Die Autoren des Verlags unterstützen den Bund Deutscher Schriftsteller e.V.,
der gemeinnützig neue Autoren bei der Verlagssuche berät.
Wenn Sie sich als Leser an dieser Förderung beteiligen möchten, überweisen Sie bitte
einen – auch gern geringen – Beitrag an die Volksbank Dreieich, Kto. 7305192, BLZ 505 922 00,
mit dem Stichwort „Literatur fördern". Die Autoren und der Verlag danken Ihnen dafür!

Dieses Werk und alle seine Teile sind urheberrechtlich geschützt.
Nachdruck, Speicherung, Sendung und Vervielfältigung in jeder Form,
insbesondere Kopieren, Digitalisieren, Smoothing, Komprimierung, Konvertierung in andere Formate,
Farbverfremdung sowie Bearbeitung und Übertragung des Werkes oder von Teilen desselben in andere Medien
und Speicher sind ohne vorgehende schriftliche Zustimmung des Verlags unzulässig und werden auch strafrechtlich verfolgt.

Gedruckt auf säurefreiem, alterungsbeständigem Papier,
hergestellt aus chlorfrei gebleichtem Zellstoff (TcF-Norm)

Printed in Germany

Für meine Kinder

Dies ist die Geschichte einer jungen Frau, Mutter dreier Kinder, die in suizidaler Absicht auf einer Brücke steht.

In dieser Situation kommt das gesamte Ausmaß ihrer Verzweiflung zum Ausdruck.

Beim intensiven Reflektieren der eigenen Geschichte werden ihre Erinnerungen, in Form von Essays, von Kindheit an dargestellt, bis sie in diesen Gedankengängen schließlich wieder bei der Situation auf der Brücke ankommt.

Diese Erinnerungen sind geprägt von Lieblosigkeit, zahlreichen Facetten von Gewalt, Alkohol und vielem mehr, aus dem ersichtlich wird, wie groß das Ausmaß an Hilflosigkeit und Verzweiflung ist, das die Frau in diese Situation gebracht hat.

Im Verlauf der Geschichte werden immer wieder Gedichte eingebunden, nach Thema und Zeit, in der sie entstanden sind.

Meine Heimat

Nicht, wo ich geboren wurde, ist meine Heimat,
nicht, wo man ein Leben für mich bestimmt hat.
Kein Funken an Traurigkeit lebt in mir,
wenn ich lebe so wie hier.

Keine Liebe war so stark, mich dort zu halten,
dort, wo sie leben, all die Kindheitsgedanken.
Nicht die Vergangenheit ist es, die den Weg mir zeigt,
sondern das Heute und das Morgen halten ein Ziel bereit.

Meine Heimat ist dort, wo mein Herz zu Hause ist,
wo man all das ganz einfach vergisst,
wo es unwichtig ist, welche Sprache man spricht,
und die Gedanken in den Augen des andern liest.

Dort soll mein Zuhause sein, wo ich einfach ich selber sein kann,
wo Aggressionen keinen Platz haben,
wo Liebe und Verständnis die Welt regieren,
Geborgenheit und Wärme meine Seele berühren.

Es ist nicht wichtig, wo auf der Welt das ist,
wichtig nur ist, dass man nie vergisst,
auch dem anderen fürs Leben
dieses Gefühl von Heimat zu geben.

Schön, wenn man eines Tages sagen kann:
„Du bist mein Zuhause – meine Heimat!"

Dicke Nebelschwaden liegen über dem Wasser. Undurchsichtig, unheimlich, fast ein wenig trostlos in dieser krassen Stille um halb vier Uhr morgens. Mein Blick schweift über die um diese Zeit einsame Landschaft, und es fröstelt mich – nein, ich friere, aber ich spüre sie nicht, die Kälte, die unaufhaltsam über meine Haut kriecht –, tief in meiner Seele sitzt sie, die Kälte, die mich schaudern lässt, immer und immer wieder. Ob dieses schreckliche Frieren in meinem starren Herzen mich je wieder loslässt? Wird da etwas sein, das ich nachher noch spüre?

Eisschollen treiben auf dem Wasser, aber trotzdem friert die Oberfläche nicht zu. Wo die wohl herkommen? Wie viele Menschen hier wohl schon gestanden haben, versucht haben, ihren Mut zu sammeln, um zu tun, was zu tun ist? Oder doch nicht?

Jetzt spüre ich die Finger nicht mehr, sie sind nun taub, gefühllos und steif, jetzt ist er weg, der Schmerz. Was sie wohl tun werden, die Kinder – ohne mich? Werden sie weinen um mich? Nein, sicher nicht, darum wird es auch Zeit zu handeln!

In der Dunkelheit erscheint das Wasser unter mir ganz schwarz – tief – unheimlich. Tränen laufen über die schon halb gefrorenen Wangen, aber das Einzige, das im Moment mein ganzes Denken beherrscht, ist diese Sehnsucht – die Sehnsucht nach der Erlösung aus dieser Verzweiflung, aus dieser Aussichtslosigkeit. Aber wer weiß schon, ob das der richtige Weg ist? Einen Augenblick denke ich sogar daran, dass es doch besser gewesen wäre, eine wärmere Jacke anzuziehen – aber wozu? Ich muss lächeln über so viel Sarkasmus meiner Gedanken – es ist, als ob mein Gesicht zu einer Maske gefriert.

Wenn diese verdammte Leere nicht wäre, die sich unaufhaltsam breitmacht – in meiner Seele, in meinen Gedanken. Warum schaffe ich es nicht, so richtig sauer zu sein? Sogar in Selbstmitleid zu zerfließen, das wäre wahrscheinlich noch besser, als hier zu stehen und sich vor sich selbst in Grund und Boden zu schämen für diese Feigheit.

Manche können aus ihrem Hass auf andere Menschen heraus ihre eigene Motivation stärken. Warum kann ich das nicht? – hassen?! Eigentlich sollte ich mich schämen, so zu resignieren, andere kämpfen darum, weitermachen zu können. Aber die haben wahrscheinlich auch Gründe genug, das zu tun. Wo sind meine Gründe? Wo sind sie? Warum habe ich keine? Bin ich wirklich so schwach, habe ich so viel falsch gemacht – oder was ist denn eigentlich der Grund?

„Susanne N., vierunddreißig Jahre alt, geschieden, gescheitert in jeder Hinsicht, ohne Dach über dem Kopf, ohne jegliche Zukunftsperspektiven, unzulänglich, feige, ohne Aussicht auf eine Änderung ihrer Situation – hinterlässt drei Kinder, die ohne sie sowieso besser dran sind –, hat heute Nacht diesem Dilemma ein Ende bereitet, indem sie von einer Brücke ins eiskalte Wasser gesprungen ist ... Man konnte sie nicht bergen ..."

So ähnlich könnte der Zeitungsartikel aussehen, den die Reporter zum Druck an die Zeitungen weiterleiten würden. Aber niemanden würde es interessieren – warum denn auch? Ein kleiner Artikel wie hundert andere auch – nach der Seite mit den Neuigkeiten aus der Politik und vielleicht noch kurz vor dem Wetterbericht, irgendwo in einer kleineren Ecke unter dem Tagesgeschehen –, und das Leben geht weiter.

Ich sollte nicht so viel heulen, mein Gesicht schmerzt von den fast gefrorenen Tränen auf der Haut. Aber warum weine ich eigentlich? – jetzt nicht mehr, jetzt ist es vorbei mit dem ganzen Kummer, dem Schmerz, gleich habe ich all das hinter mir! – Irgendwie kann ich einfach nicht begreifen, warum ich so feige bin.

Schnell fließt das Wasser unter mir, wie schwarze Tinte, dabei wirkt es so träge – ob es wohl sehr kalt ist? Sie sind sehr groß, diese vielen Eisschollen, die wie helle Flecke auf dem Wasser treiben. Die Gedanken kreisen in meinem gequälten Kopf. Werde ich überhaupt etwas spüren? Warum habe ich solche Angst, es zu tun? Es muss etwas geschehen, so oder so.

Der Nebel ist nun fast weg, aber es ist noch kälter geworden, es ist, als ob die Luft klirren würde. Da stehe ich nun, verheult, verzweifelt und versucht, mit meinem Leben abzuschließen – warum gelingt es einfach nicht?

Ein starkes Zittern erfasst meinen ganzen Körper, heftig und unangenehm – die Zähne klappern –, aber nicht die Kälte ist es, die meinen gequälten Körper so schaudern lässt – die Verzweiflung hat das zu verantworten.

„Mit großem Bedauern müssen wir Ihnen mitteilen, dass Frau Susanne N. heute Nacht ihrem Leben ein Ende bereitet hat. Ein Obdachloser hat beobachtet, wie sie von einer Brücke gesprungen ist. Man hat ihre Leiche mittlerweile bergen können. Wir möchten Ihnen unser Beileid aussprechen!" Komisch, diese Vorstellung, wie Beamte losziehen und meinen „Abgang" dokumentieren – das ist alles recht und schön, aber wem will man diese Nachricht überbringen? Immer schon hat man das getan, aber wem bringt man sie diesmal? Zu wem geht man, belanglos, aber mit offenbar großer Anteilnahme – der Anstand erfordert dies ja? In meinem Fall gibt es niemanden, den das interessieren würde – die Kinder! Aber ... wären sie nicht besser dran, ohne eine so derartig unzulängliche Mutter wie mich?

Eine Welt von Ignoranten ist das, in der wir leben. Niemand kümmert sich wirklich um die Sorgen der anderen. Jeder ist darauf bedacht, seine Vorteile zu wahren, keine Unannehmlichkeiten mit anderen zu haben und seine eigenen Bequemlichkeiten zu wahren.

„Fünf Tote bei einem Zusammenstoß von zwei Personenkraftwagen. – Dreißig Tote und hundertfünfzig Verletzte bei einem Erdbeben. – So und so viele Soldaten gefallen ..."

Wie viele ähnliche Nachrichten gehen eigentlich an uns vorbei, streifen nicht einmal unsere Emotionen? Schicksale, die trauernde Partner und ganze Familien betreffen – aber was kümmert uns das? Wir kennen sie doch nicht! Warum sollten wir uns mit solchen

Dingen belasten? „Schlimm, die Schlagzeilen in der Zeitung ... Hast du die Titelseite gelesen, Schatz? – Ist der Kaffee schon fertig?"

Dieses Zittern ist so unangenehm, ich kann es einfach nicht „abstellen". Ob es wohl bald hell wird? Wie lange ich wohl hier schon stehe? Er schmerzt schon lange nicht mehr, mein Körper, auch die Beine nicht, aber meine Seele, sie friert – doch manchmal, da brennt sie auch wie Feuer und manchmal blutet sie. Ja, deswegen verblute ich auch langsam. Ganz langsam, aber stetig tropft er heraus, mein ganzer Lebensmut, und übrig bleibt nur eine große, kalte Leere. Wie Feigheit stellt sie sich dar – sogar der Mut, den letzten Schritt zu tun, hat nicht genug Substanz.

Ich fühle mich kraftlos und schwach und langsam sinke ich zu Boden. Noch ist es dunkel, und eine schreckliche Angst umklammert mich, die Angst, nicht zu schaffen, dass ich das tue, was ich tun muss. Alles in mir krampft sich zusammen, ich möchte schreien, aber ich habe nicht einmal mehr Tränen. Es ist, als ob mich alles Unrecht auf einmal zu Boden drückt, und ich kann nichts dagegen tun, als würde eine Woge des Verzweifelns mich gegen das Brückengeländer schmettern. Geschüttelt von Angst und Schmerz, habe ich das Gefühl, diese Last nicht ertragen zu können. „Sie brauchen dich, sie brauchen dich!", hämmert es unaufhörlich in meinem Kopf, in meinen Gedanken. „Sie haben nur dich ... nur dich! Lass sie nicht im Stich!" Nennt man das Gewissen oder Verantwortungsbewusstsein – oder einfach Liebe? Wie soll ich das alles schaffen?

So viel Hoffnung sah ich in ihren Augen, so viel Vertrauen, dass ich alles wieder in Ordnung bringen werde, wieder genug Halt für sie bin. Nein – ich täusche mich, sie werden doch um mich weinen. Ich kann es nicht ertragen, wenn sie weinen. Es macht mich traurig – Kinderherzen sollen nicht so viel Schmerz erdulden müssen. Warum habe ich über das nicht schon früher nachgedacht? Aber vielleicht sehen sie doch nicht alles, vielleicht sehen sie nicht, dass es ihnen ohne mich viel besser geht. Ja, sie werden mich vermissen

– ich kann es nicht tun. Ich muss es versuchen – weiterzumachen –, ihretwillen, aber wie?

Einfach auf das Geländer steigen, von den schwarzen Wassermassen umarmen lassen. Wie lange ist es schon her, dass mich jemand umarmt hat? Ja, ich werde nichts mehr spüren, nur mehr Erlösung von all dieser Angst, dieser grenzlosen Verzweiflung! Sie werden mich fest umschlingen, diese starken Arme der Erlösung, des Endgültigen, werden alles, was so schrecklich weh tut, einfach aus meinem Bewusstsein streichen. Dann ist es da, dieses Empfinden von Seligkeit, von Wärme und Geborgenheit, und nichts existiert mehr, das mir Angst machen kann, nichts mehr, das dieses Gefühl von Aussichtslosigkeit nährt.

Es ist sehr kalt und es beginnt zu dämmern. Jeder Mensch hat Höhen und Tiefen in seinem Leben, der eine mehr, der andere weniger dramatisch. Woran liegt es, dass manche Menschen nicht über Hürden hinwegkommen, die ihnen in den Weg gestellt werden?

Das Zittern ist stärker geworden, Tränen laufen wieder über mein Gesicht, und ich kauere noch immer auf dem Boden – irgendwie fehlt mir die Kraft, mich auf meine Beine zu stellen.

Immer wieder schweifen meine Gedanken zu meinen Kindern, die jetzt auf notdürftig zusammengeschlichteten Matratzen schlafen, irgendwo da drinnen, mitten in dieser großen Stadt. Es ist die letzte Nacht, in der sie dort schlafen können, denn ab morgen gibt es für uns keinen Platz mehr, irgendwo in einer Wohnung die Matratzen hinzulegen – es gibt kein Dach mehr über dem Kopf. Sie ahnen nichts von den Kämpfen, die ihre Mutter in dieser Nacht mit sich selbst und ihrer Angst austrägt. Ich sehe ihre fragenden Augen vor mir, die so viel Vertrauen erahnen lassen – verzeiht mir, ich schäme mich so sehr.

Wenn ich so überlege, habe ich noch nie zu den Menschen gehört, denen im Leben etwas geschenkt wurde. War das vielleicht deswegen immer so, weil ich so viele falsche Entscheidungen getroffen habe? Dieses verdammte Selbstmitleid – es ist nicht gut, wenn ich ständig darüber nachdenke, was alles hätte anders laufen können, aber manchmal holt einen die Vergangenheit ein, ob man will oder nicht. Langsam habe ich das Gefühl, keine Luft mehr zu bekommen, so sehr, als ob dieser Schmerz auf meine Brust drückt.

Meine Güte, was habe ich schon alles erlebt, was ist schon alles passiert, wie viele Menschen haben schon meinen Lebensweg gekreuzt, wie viele Ereignisse haben meinen Weg beeinflusst? Warum finde ich nichts, worauf ich einfach nur stolz bin? Etwas, worüber ich sagen kann, das macht mich glücklich, auch wenn es nur Erinnerung ist?

Es ist so schrecklich kalt, ich kann nicht mehr! Oft dachte ich an meine Kindheit und verzweifelt versuchte ich, wenigstens aus dieser Zeit schöne Erinnerungen mitzunehmen. Wo sind sie? Nie habe ich aus dieser Sackgasse herausgefunden, die man Leben nennt. Nie habe ich es geschafft, diese Bahnen anders zu lenken, dem Schicksal einen kleinen Schubs zu geben. Auf dieser Bühne spielte ich von Anfang an den Part des Verlierers. Vom ersten Tag an war er vorbestimmt, dieser Lauf der Dinge, und langsam habe ich auch gelernt, das zu akzeptieren, aber diese Last kann auch einmal zu viel werden. Als Mensch hat man einfach seine Grenzen, auch wenn man vieles verarbeitet, manches betrachtet, als wäre es nie geschehen, als ginge es einen gar nichts an. Dass ich nur dieses eine Leben habe, dieses eine, das es zu meistern gilt, habe ich schon lange begriffen, und das war auch der Grund, warum ich immer wieder versucht habe, mich meinem Schicksal, diesen Geschehnissen, die ich nicht beeinflussen konnte, zu stellen. Waren es mangelnde Kraft und Ausdauer, die mir gefehlt haben? Oder war es einfach so vorbestimmt für mich, dass ich am Ende meiner Möglichkeiten stehe, dass ich einfach nicht mehr die Kraft habe, mich zu wehren, zu kämpfen? Seit langer Zeit schon fühle ich mich unfähig, unzulänglich. Warum hat mich das Leben immer wieder vergessen? Warum kann ich nicht auch einmal nur glücklich sein, ohne Kompromisse? Warum war von Anfang an alles so schwierig? Einen Vater zu haben, der vergisst, dass er eine Familie, Kinder hat, und einfach verschwindet aus unserem Leben … Eine Mutter zu haben, die es aus dieser Situation heraus nie geschafft hat, ihre Emotionen in den Griff zu bekommen, die immer gekämpft hat und kläglich gescheitert ist …? Das war der Anfang für mich, das war meine Voraussetzung, ins Leben hinauszugehen und zu versuchen, es anders oder besser zu machen. Oder aber auch, genau dieselben oder ähnliche Fehler zu machen – ich weiß es nicht.

Ganz deutlich sehe ich sie jetzt, die Eisschollen. Es wird schnell gehen, ich werde nicht viel spüren. Sagt man nicht, dass in den letzten Sekunden vor dem Tod das ganze Leben eines Menschen vor seinem geistigen Auge abläuft?

Damals musste ich akzeptieren, dass man als Kind auch den schlimmsten Situationen einfach ausgeliefert ist, wenn da niemand ist, der etwas dagegen unternimmt.

Ich musste erfahren, was es heißt, Brutalität und Rücksichtslosigkeit am eigenen Leib zu erfahren. Man hat sich an mir abreagiert, mich geschlagen, gequält und auch missbraucht … Aber man hat sich nie Gedanken darüber gemacht, wie es mir dabei ging. Irgendwann hatte ich aufgegeben, mich dagegen zu wehren, irgendwann hatte ich einfach resigniert. Die Kraft, mich dem allem zu stellen, hatte mich verlassen – mein Herz war zerbrochen. Ich spürte nichts mehr … keinen Schmerz … aber auch keine Liebe.

Alles in mir war tot, verloren. Irgendwann hatte ich aufgehört zu leben … so als wäre meine Seele gestorben.

Der Abschied

"Lungenentzündung", war die knappe Diagnose des Arztes. Es hatte uns ziemlich schlimm erwischt, meinen Bruder Markus und mich. Um ihn stand es ziemlich ernst, zumindest machte der Arzt ein sehr besorgtes Gesicht, als er ihn untersuchte. Immerhin war mein Bruder erst eineinhalb Jahre alt. Der Arzt roch immer so komisch und hatte eine ziemlich arrogante Art an sich, die mir sehr unsympathisch war. Vielleicht täuschte ich mich, denn er bemühte sich offensichtlich sehr, freundlich zu wirken, aber ich denke ganz einfach, dass er keine Kinder mochte, so etwas spürt man als Kind, wenn das so ist. Wenn er uns untersuchte, hatte er immer eiskalte Hände, das war sehr unangenehm – *vielleicht waren nur sie schuld daran, diese eiskalten Hände –, ich weiß es nicht.*

Die starken Schmerzen machten mir sehr zu schaffen. Der ganze Körper tat weh, und die größte Angst hatte ich davor, husten zu müssen – *oder waren es doch die Fieberträume, vor denen ich mich fürchtete? –*, nicht immer gelang es mir, Realität und Traum auseinanderzuhalten. Während dieser Zeit hatte ich einen ganz besonders schlimmen Traum – einen, der sich später als Realität herausstellte –, viele Jahre später, denn früher konnte ich ihn nicht begreifen, diesen endgültigen Abschied.

Irgendwann nachts, ich konnte nicht genau feststellen, ob es wirklich Nacht war, denn das Fieber forderte seinen Tribut, kamen unsere Eltern an unsere Betten. Beide machten sie ganz ernste Gesichter – sie gefielen mir nicht, diese Gesichter, dieser Ausdruck in den Augen, sie machten mir Angst –, ich spürte, dass etwas Ernstes, Endgültiges im Raum stand, und ich konnte das Ausmaß nicht begreifen. Meine Mutter weinte – *warum?* Ich konnte es nicht verstehen.

Es tat so unendlich weh, wie mein Vater mich ansah, diese Augen habe ich nie vergessen, ich liebe sie heute noch, aber dieser Blick drang sehr schmerzhaft bis in mein Innerstes. Und er sagte nichts, gar nichts. Er nahm mich hoch, schloss mich in seine Arme und drückte mich ganz fest. Das war es, was ich später so viele Jahre immer wieder so sehr vermisste. Ich liebte ihn sehr, meinen Vater. Aber ich konnte ihn seit dieser Zeit einfach nicht mehr finden, nicht im Haus, nicht im Garten, und ich wartete auch vergebens jeden Abend darauf, seine Schritte auf der Treppe zu hören, um ihm dann, so schnell ich konnte, entgegenzustürmen. Es brauchte viele Jahre, bis ich begriff, dass das damals ein Abschied war, ein Abschied für immer – und selbst dann wollte ich es nicht wahrhaben. Immer wieder dachte ich, ich muss nur lange genug auf ihn warten, irgendwann kommt er wieder die Treppe herauf. Oft bin ich auf der obersten Stufe gesessen und habe an die Zeiten gedacht, als unsere kleine Familie noch komplett war, als ich jeden Tag auf ihn gewartet habe – aber nicht vergebens.

Was ich nie verstehen konnte, war, dass mich meine Mutter mit meinen Fragen so sehr allein ließ. Sie hatte nicht einmal den Mut, mir zu sagen, warum er uns verlassen hat, warum er nie wieder zurückkehren wird.

Stattdessen bekam ich ständig zu hören, dass eigentlich ich schuld an dem ganzen Dilemma hätte. Tja, das war nun wirklich der Gipfel des Ganzen, da ich damals, als mein Vater wegging, noch nicht einmal ganze vier Jahre alt war. Aber ich hatte bald begriffen, worum es da ging. Meine Mutter machte mir den Vorwurf, dass sie ihn nur geheiratet hätte, weil ich unterwegs war, weil sie schwanger war mit mir, deswegen gab sie mir auch die Schuld an dem Ganzen. Sie meinte, wenn ich nicht gewesen wäre, würde sie nicht mit uns Kindern allein dastehen, sondern hätte nie geheiratet, und alles wäre anders gewesen. Obwohl für mich diese Einstellung bis heute unverständlich ist, tut es noch immer weh, wenn ich daran denke, mit welcher Bitterkeit diese Aussage immer auf mich wirkte.

Der Abschied von meinem Vater war deswegen so dramatisch für mich, weil ich damals spürte, dass etwas Endgültiges im Raum stand, das ich lange Zeit nicht begreifen konnte und mir schreckliche Angst machte.

Aber ich hatte nicht nur ihn verloren, ich hatte auch sie verloren, meine Mutter. Der einzige Mensch, der sich damals um mich wenigstens kümmerte, war meine Großmutter, aber sie wurde aus den ganzen Umständen heraus in diese Rolle hineingezwungen. Sie liebte mich nicht, niemand liebte mich, niemand war da, wenn der Schmerz mich überwältigt hat, wenn ich schon als Kind nachts oft aus dem Haus geschlichen bin, um mich irgendwo in der Dunkelheit zu verstecken und zu versuchen, Herr über diese grausame Einsamkeit in meinem Herzen zu werden. Nie hat einer dieser Menschen begriffen, was in mir vorging, nie hat es auch nur einen interessiert, wie sehr ich darunter litt, nicht geliebt zu werden. Als Kind kann man nur sehr schwer damit umgehen, vor allem wenn man einen Menschen verliert, dem man selbst seine ganze kindliche Liebe geschenkt hatte. Ich hatte mich nie beklagt, immer nahm ich alles hin, schluckte den Schmerz hinunter, ertrug einfach alles, was ich zu ertragen hatte. Nur manchmal, da war es dann zu viel. Da kam immer wieder die Zeit, in der ich mich vor allem und jedem um mich herum verschloss, nur um mit meinen Gefühlen klarzukommen und zu lernen, sie zu ertragen. Das waren die Zeiten, in denen ich als bockig, verschlossen, eigensinnig und dergleichen bezeichnet wurde, aber das war mir gleichgültig, denn ich wusste, dass mich niemand wirklich verstehen konnte. Ich litt unter dieser ganzen Lieblosigkeit.

Es war meine einzige Chance, ich selbst zu bleiben, wenn ich mich immer wieder mit meinen Gefühlen auseinandersetzte – ich wollte nicht sterben, ich wollte meine Gefühle nicht sterben lassen … Sie waren meine Identität … *Wer wäre ich denn gewesen, wenn ich nicht mehr hätte fühlen können?* Aber sie schmerzte ganz heftig, die Erinnerung an meinen Vater, und ich wusste, dass auch er mich geliebt hatte, ich habe es immer gespürt und gerade deswegen konnte ich nicht verstehen, dass er mich so endgültig verlassen hatte.

Sehnsucht

*Wärst du jetzt hier, würde der Himmel die Farben der Rosen haben,
die Welt um uns herum würde leuchten,
der Schnee würde glühen, und der Regen wär' so warm wie nie zuvor.*

*Wärst du jetzt hier, würde ich tanzen, leicht wie eine Feder,
würde ich singen wie ein glücklicher Vogel
und lachen wie ein Kind.*

*Wärst du hier, würden wir sie alle besiegen,
die Kälte, die Einsamkeit und die Sehnsucht.
Wärst du jetzt hier,
würde das Feuer der Liebe alles um uns herum entflammen.*

*Wärst du jetzt hier, würde ich in deine Augen sehen,
würde ich bis tief in deine Seele blicken.
Wärst du hier bei mir, würde ich deine Nähe spüren,
dich an deiner Hand nehmen
und mit dir entschwinden aus dieser Welt, die uns jetzt nur trennt.*

Großmutter

Sie war eine kleine, energische Person, die manchmal durch ihr hartes Leben sehr verbittert wirkte. Niemand konnte so gut Geschichten erzählen wie sie; Geschichten, die das Leben schrieb. An den langen Winterabenden saß ich oft bei ihr und lauschte fasziniert den Erzählungen aus ihrer Kindheit. Es war auch nicht alltäglich, sich vorzustellen, dass man im Winter kilometerweit barfuß durch Eis und Schnee laufen musste, um zur Schule zu kommen. Sie schilderte diese Erlebnisse immer so interessant, dass es extrem spannend war, ihr zuzuhören. Ihre Kindheit verbrachte sie mit ihren Eltern und Geschwistern irgendwo in der Einsamkeit am Berg – sie waren sehr arm. Täglich schleppten sie von der Quelle im Wald frisches Wasser nach Hause und schon als Kinder mussten sie und ihre Geschwister auf den Bauernhöfen in der Umgebung hart arbeiten.

Während sie diese Geschichten erzählte, war ich immer wie gebannt: diese schlimme Armut, diese Schicksalsschläge, die schlimmen Situationen, die der Krieg mit sich brachte … Großmutter hatte die Zeit des Ersten Weltkriegs als Kind miterlebt, mit all den Nöten und Sorgen, welche die Menschen damals belasteten. Eigentlich war ihr ganzes Leben von Anfang bis Ende von Armut, Schicksalsschlägen und Sorgen geprägt. Wahrscheinlich war das auch mit ein Grund, warum diese Frau so hartherzig und gefühlskalt war. Nicht der Mensch war es, den sie in ihrem Gegenüber sah, sondern das, was diese Person nach außen hin darstellte. Großmutter kümmerte sich nicht viel um die Gefühle anderer, wichtig war, ob jemand materielle Güter „vorweisen" konnte und in der Gesellschaft angesehen war, dann war man auch für sie interessant. Das war eine Eigenschaft an ihr, die ich schon als Kind nicht verstehen konnte und die mir damals bereits manchmal schwer zu schaffen machte. Ich liebte sie, doch sie schien das nicht einmal zu bemerken. Sicher – sie war damals da, für mich und auch für meinen Bruder, als unser Vater uns verließ und unsere Mutter arbeiten musste, aber das Wichtigste, das wir gebraucht hätten – Liebe –, hat auch sie nie für uns gehabt. Doch ich lernte, damit zu leben, ich lernte, meine Gefühle ganz weit wegzuschieben, so als ob sie mir nicht gehörten – es war offensichtlich für mich die einzige Möglichkeit, mit dieser gefühlsarmen Situation fertig zu werden und nicht endgültig daran zu zerbrechen.

Großmutter tat das Nötigste für uns, aber nicht mehr, manchmal hat es nicht einmal dafür gereicht – durch sie habe ich auch erfahren, was es heißt, immer wieder Hunger zu spüren, dass es schmerzt. Wie oft bin ich nachts vom Dachgeschoss heruntergeschlichen, um vergeblich etwas Essbares zu suchen, weil mich der Hunger so arg quälte und nicht schlafen ließ. Noch schlimmer war es, in diese fürchterliche Dachkammer zurückzukehren. In all den Jahren konnte ich mich nie daran gewöhnen und hatte jeden Abend schreckliche Angst, wenn die Zeit des Schlafengehens näherkam. Eine enge, steile Holztreppe führte nach oben unters Dach – es war schon damals ein relativ altes Haus –, dort oben gab es einen großen Kaltboden, der als Gerümpelraum diente, in den man all das hinschaffte, was man nicht mehr brauchte, von alten Möbeln angefangen über weiß Gott was alles ... Außerdem befanden sich unterm Dach noch zwei Kammern, eine davon war unser „Schlafzimmer". In diesem Raum stand außer den drei Betten für unsere Mutter und uns gar nichts, mehr hätte auch nicht Platz gehabt. Mutter kam allerdings oft erst sehr spät nachts von der Arbeit nach Hause.

Im Winter war es da oben höllisch kalt. Mein Bett stand direkt unter der gemauerten Dachschräge, die nicht nur ständig feucht, sondern im Winter auch meist gefroren war. Am meisten fürchtete ich mich aber vor den Spinnen, die mich zeitweise sogar weckten, wenn sie über mein Gesicht huschten, und von denen gab es genug da oben. Dazu kam, dass ich immer wieder über diese steile Treppe hinunterfiel und mir zeitweise ganz schön wehgetan habe. So auch, als ich meinem Bruder hinterhersauste, als er Mutter frühmorgens aus dem Haus zur Arbeit gehen hörte und ihr aus dem Haus hinaus, die Straße hinunter, barfuß, im Pyjama und laut weinend und schreiend hinterherlief.

Es war schrecklich, ich konnte mich nicht bewegen, hatte von dem Aufprall im Stiegenhaus das Gefühl, keine Luft zu bekommen, und war unfähig, ihm zu helfen.

Dafür war Großmutter schneller. Sie machte alles nur noch schlimmer. Statt zu versuchen, ihn zu beruhigen, schrie sie ihn fortwährend an und verpasste ihm eine Ohrfeige nach der anderen.

Am Abend wurde ich dann unfreiwillig Zeuge einer Diskussion zwischen ihr und einem meiner Onkels – und es tat nur weh, ganz tief: „Ich hätte diese Gören nie im Leben genommen, wenn es andere Möglichkeiten gegeben hätte, und außerdem passe ich sowieso nicht mehr auf sie auf, ich kann sie nämlich überhaupt nicht ausstehen, diese Brut von einem Vater, der mir gestohlen bleiben kann, da kann ja nichts Gescheites dabei herauskommen."

Und trotzdem liebte ich sie, meine Großmutter, aber sie hat es nie bemerkt.

Bleib nicht stehen

Wie oft denkst du, es ist genug?
Verlässt dich ganz einfach der Mut?
Du kannst nicht wachsen, wenn du es versäumst,
dem Leben ins Auge zu schauen, und die Zeit nur verträumst!
Ja, ich weiß, es tut oft auch ganz schön weh,
aber du solltest ganz einfach dazu stehen!

Nimm dir vom Leben auch das, was du willst,
und nicht nur das, was am Wege liegt.
Lass dir den Mut dazu nur nicht stehlen
von denen, die andere Wege gehen.
Leb dein Leben, wie du es willst,
und hör immer auf das, was du fühlst.

Niemand weiß so gut wie du selbst,
was für dich das einzig Richtige ist.

Schwimmen

Es gab da so einen kleinen Bach in unserer Nähe, an dem auch wir manchmal, wie so viele andere im Sommer, versuchten, der Hitze mit ein wenig Abkühlung im Wasser zu entkommen. Tief war er nicht gerade, obwohl ich sagen muss, als Kind sieht man das anders.

An einer breiteren Stelle hatte man sogar einen Holzsteg gebaut, so richtig mit Stufen bis ins Wasser. Und die Leute nannten diesen Abschnitt des Bachs immer liebevoll „die Badeanstalt". Es war auch immer ein ganz tolles Erlebnis, wenn auch wir von Zeit zu Zeit zur Badeanstalt marschierten, das hatte immer so ein bisschen den Hauch von Abenteuer an sich. Auch meine Ausrüstung für diesen Zweck war toller Natur. Ich besaß damals mit meinen fünf Jahren, nachdem ich noch nicht schwimmen konnte, eine aufblasbare Schwimmweste, die zu meinen größten „Heiligtümern" zählte. Davon abgesehen, dass man nicht viel von mir sah, wenn ich sie trug, weil sie so ein riesiges Ungetüm war, liebte ich dieses Ding und war mächtig stolz darauf. Es war auch ein tolles Gefühl, wenn man sich damit aufs Wasser legte und nicht einmal richtig nass wurde. Mein kleiner Bruder Markus brauchte so etwas eigentlich nicht, denn er hatte schreckliche Angst vor dem Wasser und weigerte sich ständig, mit dem ihm richtig verhassten und gefürchteten Nass auch nur in Berührung zu kommen. Ich weiß noch, wie ich ihn ständig auslache. Es war schon witzig für mich, jemanden zu beobachten, der so große Angst vor dem Wasser hatte. Doch irgendwann war es dann so weit, dass ich ihn überreden konnte, es einmal mit meiner Schwimmweste zu versuchen, denn da könnte ihm wirklich nichts geschehen, und noch weniger konnte er untergehen. Meine Mutter half ihm, die Weste zu schnüren und zu fixieren, und schon waren wir unterwegs zum Steg. Meine Güte, der stellte sich so etwas von dumm an, dass ich es nicht mit ansehen konnte und ungeduldig wurde. Er stand schon eine Weile auf der untersten Stufe über dem

Wasser und traute sich nicht einmal, seine Zehen nass zu machen. Aber dann kam genau das, was in dieser Situation einfach kommen musste: Ich hatte nicht die Geduld, diese Unentschlossenheit mit anzusehen, sprang auf und gab ihm einen kleinen Schubs. Das hätte ich auf jeden Fall nicht tun sollen, aber das wurde mir erst nachher bewusst. Er fiel wie ein Stein vornüber ins Wasser. Und obwohl er wegen der großen, aufblasbaren Schwimmweste nicht einmal richtig nass wurde, hatte er seinen Kopf vornüber im Wasser, und außer seinem Hinterschopf war davon nichts zu sehen. Auch sehr eigenartig war die Tatsache, dass er vollkommen bewegungslos mit dem Gesicht unter Wasser anfing wegzutreiben. Irgendwie konnte er sich offensichtlich nicht bewegen, war vollkommen steif, was wahrscheinlich auf den Schock zurückzuführen war, weil ich ihn ins Wasser schubste. Ich war wie gelähmt und in meiner momentanen Verzweiflung fing ich wie eine Wahnsinnige zu schreien an. Alle Leute, die sich im Umkreis befanden, sprangen auf und rannten in meine Richtung. Mein Bruder war inzwischen in der Strömung schon ein schönes Stück abgetrieben und hatte sich bis dahin noch nicht einmal bewegt oder wenigstens das Gesicht hochgenommen, um Luft zu holen. Zwei junge Männer hatten die Situation sofort erfasst, waren am Bach entlanggelaufen und sprangen ein Stück weiter unten hinein, um Markus dort aus dem Wasser zu ziehen. Wir liefen alle hinterher und waren mächtig aufgeregt, als einer der beiden den leblosen Körper meines Bruders in den Armen trug. Er legte ihn auf die Wiese und untersuchte ihn, während ein anderer sich, so schnell er konnte, auf sein Fahrrad schwang, um sofort den Arzt aus dem Ort zu holen.

Da lag er nun, mein armer, kleiner Bruder und war tot – Tränen liefen mir übers Gesicht, ich zitterte am ganzen Körper, war unfähig mich zu bewegen, und brachte kein Wort heraus, obwohl alle von mir wissen wollten, was passiert war.

Es dauerte nicht lange, bis mein Bruder auf einmal ganz heftig anfing, um sich zu schlagen und zu husten. Anschließend begann er auch noch ganz schrecklich zu schreien. Mein Gott, war ich erleichtert – er lebte. Inzwischen war auch der Arzt gekommen – der, den ich nicht mochte –, untersuchte Markus und schimpfte ständig mit ihm, weil er dabei nicht so still hielt, wie er sich das vorstellte. Aber das interessierte mittlerweile keinen mehr, denn der Eismann bog gerade hinten am großen Feld zu uns herüber und bot so wie immer ein lustiges Hupkonzert. Wir Kinder sprangen auf und liefen ihm entgegen, und sogar mein kleiner Bruder hatte anscheinend den ärgsten Schock überwunden und sich uns angeschlossen und ließ den etwas verdutzt dreinblickenden Arzt am Boden kniend zurück. Aber Strafe muss sein, meinte Mutter, und für diesen Tag war es nur mehr eine schöne Vorstellung, eine Tüte Eis in den Händen zu halten – wie meistens, aus welchen Gründen auch immer –, wir bekamen keines. Zwar war ich sehr enttäuscht darüber, hatte aber nicht wirklich Zeit, um mir darüber Gedanken zu machen, denn einer der Erwachsenen ließ einen gellenden Pfiff vernehmen, und was das bedeutete, wussten nur die Besucher der Badeanstalt. Das war nichts anderes als eine generelle Warnung, die so viel hieß wie: alle sofort das Wasser verlassen. Warum? Tja, das hatte schon einen besonderen, aber auch grausigen Grund. Damals kümmerte man sich noch nicht viel um Umweltverschmutzung und dergleichen, machte sich auch nicht viele Gedanken, was mit den Dingen passiert, die man einfach im Bach wegtreiben lässt, denn schwimmen sie dort einmal, dann sind sie auch aus den Augen und dem Sinn. So einfach betrachtete man das. Diesmal handelte es sich allerdings wieder um eine der interessanteren Sensationen, die da den Bach heruntergeschwommen kam. Vermutlich hatte ein Bauer eine Hälfte eines geschlachteten Schweins in den Bach geschmissen, und die trieb jetzt gemächlich, gefolgt von den Gedärmen, an uns vorbei … Es kam auch öfter vor, dass das Wasser im Bach für eine ganze Weile ganz intensiv rot gefärbt war, und keiner wusste, was das wirklich war, denn es wurde spekuliert zwischen Saft von roten Rüben bis hin zu gewissen chemischen Farben. Aber es war nicht definierbar, worum es sich wirklich handelte – nur komisch gerochen hat dieses „rote Wasser" immer.

Heute könnte ich mir nicht mehr vorstellen, in so einem Bach schwimmen zu gehen, schon gar nicht, wenn da weiß Gott was alles dahergeschwommen kommt.

Das war sie, unsere heiß geliebte Badeanstalt, mit Steg, Stufen bis ins Wasser – was will man mehr?

Schule

Auch für mich kam die Zeit, dass ich in die Schule musste, wobei ich sagen muss, dass ich sogar sehr gern zur Schule ging. Meine Lehrerin, eine ziemlich strenge Frau, die schon kurz vor ihrer Pensionierung stand, hatte es auf mich abgesehen, allerdings in positiver Form. Sie mochte mich sehr und machte keinen Hehl daraus, was mir natürlich eine Menge Schwierigkeiten mit meinen Mitschülern einhandelte. Sie konnten in keiner Weise verstehen, wie das möglich ist, dass man so ein gutes Verhältnis zu einer Lehrerin haben kann. Damals waren wir sechsundvierzig Kinder in unserer Klasse, und es war für sie sicherlich nicht leicht, uns alle unter einen Hut zu bringen. Aber auch wir haben Lesen und Schreiben gelernt, und das nicht einmal so schlecht. Was allerdings nicht so optimal war, war mein Verhältnis zu allen anderen in der Klasse. Nicht nur, dass ich eine der schlimmsten Streberinnen war, die mir selbst je in meiner ganzen Schulzeit untergekommen ist, gehörte ich auch noch zu denjenigen, die ständig ausgelacht wurden, weil ich immer so derartig altmodisch und unmöglich gekleidet war, dass es schon ziemlich arg war, wie ich immer ausschaute. Bei den kargen finanziellen Mitteln meiner Mutter war es natürlich kein Wunder, dass ich so gut wie nie neue Kleidung zum Anziehen bekam, sondern ständig die alten, abgetragenen Sachen meiner Cousinen tragen musste. Im Prinzip war mir das egal, schlimm war für mich nur, wie sehr das den anderen Anlass gab, sich ständig über mich lustig zu machen. Das war etwas, was ich in keiner Weise verstehen konnte – es schmerzte nur –, aber begriffen habe ich es nie. Eigenartig war nur, dass ich nie schaffte, all meine Aggressionen, die sich dadurch damals anstauten, auch auszuleben – ich kompensierte sie lediglich immer mehr durch noch mehr schulische Leistung, die ich versuchte, in perfekte Form zu bringen. Es war wie ein Teufelskreis. Neidisch schaute ich manchmal den anderen zu, wenn sie gemeinsam zusammensaßen und ihren Spaß hatten – immer wurde ich ausgeschlossen. Doch irgendwann fasste ich den Mut und verkündete den anderen, dass ich das alles, was sie können, auch kann und keine schlechtere Freundin wäre als alle anderen auch. Das Einzige, was mir das einbrachte, war großes Gelächter und noch mehr Hänseleien, denn wenn man so daherkomme wie ich, schlimmer als eine Großmutter und dazu noch so ein Streber sei, habe man lieber ganz still zu sein.

Wieder einmal schlenderte ich ganz allein von der Schule nach Hause. Zu dritt hatten sie mir aufgelauert, und ich konnte schon von Weitem beobachten, wie sie sich hinter der großen, alten Linde an der Straße versteckten. Es tat verdammt weh, als sie alle zusammen auf mich losgingen und mich verprügelten, aber ich glaube, ich gab keinen Ton von mir.

Dunkel war es schon, ziemlich spät, als ich nach Hause kam, meine Nase blutete, mein ganzes Gesicht war blutverschmiert, meine Rippen schmerzten, und mein linker Arm war offensichtlich gebrochen. Das alles hielt aber meine Mutter nicht davon ab, mir gleich am selben Abend noch eine Tracht Prügel draufzusetzen, schon allein deswegen, weil ich erst so spät am Abend zu Hause auftauchte. Die peinlichen Fragen der Lehrerin am nächsten Tag waren auch nicht gerade angenehm, und nachdem man mich ins Krankenhaus gebracht und darauf gewartet hatte, dass mein Arm eingegipst wurde, bombardierte man mich erneut mit Fragen – aber ich blieb still, stumm wie ein Fisch. Kein Wort kam über meine Lippen, keine der Übeltäterinnen hatte ich verraten, was mir bei meinen Mitschülern nicht als Feigheit, sondern als „Hochachtung" angerechnet wurde. Es war etwas geschehen – man interessierte sich plötzlich für mich, man begutachtete meinen eingegipsten Arm, man redete mit mir. Für mich war es eine ganz neue Erfahrung, im Mittelpunkt zu stehen, aber es war nicht so angenehm, wie ich immer dachte, eher peinlich, zumindest habe ich das so empfunden.

Die meisten Kinder verbrachten auch ihre Freizeit in kleineren Gruppen mitsammen, da wir alle im selben Ort wohnten. Immer wieder gab es Rivalitäten und kleinere Streitereien untereinander, und nach und nach bildeten sich immer mehr kleine „Banden". Zu so einer verschworenen Bande wollte ich natürlich auch gehören, was bis zu der Geschichte mit dem eingegipsten Arm natürlich ein utopischer Wunsch war. Aber mittlerweile getraute ich mich auch zu fragen, ob sie mich denn auch mitmachen ließen. Tja, und was dann kam, wird wohl bis an mein Lebensende in lustig-grausiger Erinnerung bleiben. Sie hatten sich für mich eine ganz besondere „Aufnahmeprüfung" in ihre Clique ausgedacht, dass ich nämlich so viel Mut aufbringen sollte, um einen Regenwurm zu essen, denn dann hätte ich ihrer Meinung nach die richtigen Voraussetzungen, auch dazuzugehören. Und ich fasse es bis heute nicht – ich habe es tatsächlich getan. Grausig war das, ich getraute mich nicht, in den Wurm hineinzubeißen, aber ich schaffte es, ihn hinunterzuschlucken, was allerdings noch wesentlich einfacher war, als ihn dann auch im Magen zu behalten, denn zwei der anderen konnten sich nicht beherrschen und mussten sich auf der Stelle übergeben. Aber ich behielt ihn drinnen und hatte nur schreckliche Angst, er könnte wieder hochkriechen, doch es passierte gar nichts. So hatte ich nun im Zuge der Aufnahmeprüfung in die Clique einen Regenwurm geschluckt und stand da, als wäre nichts geschehen. Das Einzige, was ich in diesem Augenblick wirklich wahrnehmen konnte, waren ziemlich entsetzte Gesichter, aber nach und nach auch anerkennendes Nicken – offensichtlich hatte keiner gedacht, dass ich das wirklich tun würde. Ich hatte es geschafft – endlich –, man akzeptierte mich, aber nicht nur das, man bewunderte meinen Mut, auf einmal war ich so etwas wie ein Held. Am nächsten Tag war ich die Sensation der ganzen Schule, denn es verbreitete sich wie ein Lauffeuer, was ich mich am Vortag getraut hatte. Aber was das Tollste an der ganzen Sache war, man hat mich nicht nur in die Clique aufgenommen, sondern man hatte mich auch einstimmig zur

„Anführerin" gemacht, und das erste Mal in meinem Leben durfte ich bestimmen, was wir als Nächstes – gemeinsam – anstellen werden – eine tolle Erfahrung. Nur eines war nicht spurlos an mir vorübergegangen, nämlich die jahrelangen Hänseleien, die hatte ich nicht vergessen, die konnte ich einfach nicht vergessen. Nicht dass ich böse gewesen wäre auf die anderen – es tat einfach noch immer weh –, und irgendwie wollte ich ihnen einen Denkzettel verpassen.

So überlegte ich, was ich anstellen konnte, um ihnen allen einmal einen richtigen Schrecken einzujagen. Das Einzige, was mir einfiel, war der Friedhof, ein gefürchteter Platz bei allen. Nicht aber für mich, denn der Friedhof war ein Ort, an dem ich mich oftmals aufhielt, manchmal einfach nur, um allein zu sein, nachzudenken oder um mir die verschiedenen Grabsteine anzusehen und mir vorzustellen, was das wohl für Menschen waren, über die man da geschrieben hatte. Was sogar mir ein bisschen unheimlich war, das war die Aufbahrungshalle, besonders dann, wenn man durch die Glastür die Öllichter brennen sah, was immer bedeutete, dass da jemand aufgebahrt war, manchmal auch in offenen Särgen. Ich wusste das, weil mich Großmutter als kleines Mädchen immer dort hinein mitnahm, wenn sie sich die Verstorbenen anschauen ging. Dieser Ort erschien mir für mein Vorhaben sehr geeignet, um meinen grausamen Mitschülern einmal einen Denkzettel der ganz besonderen Art zu verpassen. Alle mitsammen schwangen sie große Reden, als ich den Vorschlag machte, man könnte sich doch einmal auf dem Friedhof treffen, und wenn sie mutig genug wären, auch in der Aufbahrungshalle. Also machten wir für den frühen Abend einen Zeitpunkt aus, an dem wir uns treffen wollten. Alle waren sie zur vereinbarten Zeit da, nur ich fehlte. Nachdem ich aber auch eine halbe Stunde später noch nicht aufgetaucht war, beschlossen sie, alle mitsammen in die Halle reinzuschauen, denn interessant wäre es doch, einmal so einen Verstorbenen zu begutachten. Keiner bemerkte mich hinter dem großen Sarg, in der Mitte zwischen den vielen Blumen und Kränzen, und alle schlichen ganz leise und angespannt heran, denn jeder wollte einen Blick in den Sarg werfen. Was aber dann passierte, ließ ihnen wahrscheinlich das Blut in den Adern gefrieren, denn man hörte nichts, außer einem leisen Kratzen und Klopfen auf dem Holz des Sarges. Noch nie in meinem ganzen Leben hatte ich jemanden so schnell davonlaufen sehen wie meine Freunde in diesem Augenblick, und keiner verlor je ein Wort über diesen Vorfall – *warum wohl? Weil man Tote lieber ruhen lässt?*

Der Tod kam schnell

Er war der jüngste meiner Onkels, der jüngste Bruder meiner Mutter und für mich eine interessante Person, weil er im alten Elternhaus wohnte wie wir mit unserer Mutter – und er war einer der wenigen, der sich von Zeit zu Zeit auch einmal mit uns beschäftigte. So war das natürlich auch eine Sensation, als er damals seine erste Freundin und spätere Frau mit nach Hause brachte. Ich werde nie vergessen, wie Großmutter bei ihrem Anblick regelrecht der Mund offen stehen blieb. Sie war so aufgebracht über das Erscheinungsbild dieser besagten Freundin, dass sie nicht einmal gleich in der Lage war zu sprechen. Es war schon amüsant, und ich war ziemlich gespannt, was als Nächstes kommen würde, denn ich kannte Großmutter nur zu gut. Wenn sie auf der Straße Mädchen oder Frauen sah, die etwas aufreizender gekleidet waren, die langen Haare offen trugen oder vielleicht gar noch geschminkt waren, war das in ihren Augen keine Sünde mehr, sondern eine regelrechte Katastrophe. So kam es nun, dass mein damals erst neunzehnjähriger Onkel seine junge Freundin mit nach Hause brachte, und sie Großmutter als seine zukünftige Frau vorstellte. „!!!" Das war zu viel für sie! Meiner Meinung nach war es toll, was für eine hübsche und auch nette Freundin mein Onkel da mitgebracht hatte, und ich hatte sie mit ihrer warmherzigen Art gleich nach kurzer Zeit ins Herz geschlossen. Großmutter sah das natürlich ganz anders – eines dieser „Ungetüme" hatte sich in ihr Reich vorgewagt: siebzehn Jahre alt, lange, naturblonde Haare, natürlich offen getragen, enge, bunte Bluse, „sehr" kurzer Minirock, hochhackige Schuhe, greller Lippenstift und in dieser schlimmen Farbe auch die Nägel lackiert ... Aber alles in allem eine tolle Erscheinung – zumindest war das die Meinung aller anderen, nur Großmutter konnte sie nicht teilen. Aber nichts konnte die beiden verliebten Turteltauben davon abbringen, heiraten zu wollen, was aber auch einen Grund hatte, wie sich später herausstellte – sie war schwanger! Damals dachte ich, Großmutter überlebt das einfach nicht, bekommt einen Herzinfarkt oder irgend so etwas …

Irgendwann hatte sie es dann doch aufgegeben, sich dagegenzustellen, davon abgesehen, dass sie sowieso keine Chance gehabt hätte, die beiden auseinanderzubringen. Dazu haben sich die beiden viel zu sehr geliebt, als dass sie sich wegen solcher Dinge getrennt hätten. Es dauerte auch nicht lange, bis die beiden heirateten und meine neue „Tante" zu uns ins Haus zog. Ein paar Räume im Haus wurden als gemütliche, kleine Wohnung für die zwei eingerichtet, und ich war glücklich über diese Fügung, denn ich verbrachte von nun an viel Zeit bei Tantchen. Sie besaß Ausstrahlung und hatte eine sanfte Liebenswürdigkeit, der man einfach nicht widerstehen konnte. Auch war es offensichtlich so, dass auch sie mich sehr gern hatte und nicht nur immer für mich da war, sondern auch viel Zeit mit mir verbrachte. Am meisten freute ich mich natürlich darauf, dass sie endlich ihr Baby bekam. Ich konnte es kaum erwarten, und als dann endlich meine kleine Cousine da war, hatte sie in mir das eifrigste Kindermädchen, das man sich nur vorstellen konnte. Es war eine schöne Zeit damals, mit viel Wärme und Zuneigung … Ich kannte diese Harmonie zwischen Menschen nicht – es tat richtig gut, das miterleben zu dürfen. Die Zeit verging wie im Flug, und ehe man sich's versah, kam auch ein Brüderchen für meine kleine Cousine zur Welt. Süß waren sie, die beiden, und der ganze Stolz ihrer Eltern.

Großmutter konnte es sich einfach nicht verkneifen, ständig daran Anstoß zu nehmen, dass Tantchen auch als Mutter ihre Kleidungsgewohnheiten nicht geändert hatte und nach wie vor in kurzen Röcken anzutreffen war – was ihr allerdings ausgezeichnet stand. Aber Tantchen hatte sich mittlerweile schon daran gewöhnt, dass Großmutter ständig an ihr herumnörgelte, und nahm das irgendwie gar nicht so wichtig. Ich verteidigte sie bei Großmutter, wie und wo ich nur konnte, denn über mein heiß geliebtes Tantchen ließ ich nichts kommen.

Nie wieder habe ich später so viel Liebe, Gefühl und Zuneigung erlebt wie zwischen Tante und Onkel – sie waren ein tolles Paar. Alle bewunderten ihre harmonische Beziehung ...

Im Kinderzimmer geschah es – da lag sie dann eines Tages, ganz allein und rührte sich nicht mehr, mitten im Raum am Boden –, in ihrem Kopf war ein Blutgefäß geplatzt.

Niemand außer ihrem Arzt hatte gewusst, dass sie seit langem sehr starke Schmerzmittel einnahm, weil sie die schlimmen Kopfschmerzen fast nicht ertragen hatte, die sie seit langer Zeit quälten.

Und jetzt war es passiert – es war geplatzt, dieses Aneurysma –, jetzt spürte sie nichts mehr von den Schmerzen, jetzt spürte sie gar nichts mehr.

Aber ich spüre ihn heute noch, diesen Schmerz des Verlustes ... Wieder ein Mensch, der auch mich in gewisser Weise verlassen hatte – einfach so.

Und sie brannten tief in meiner Seele

Als mein kleiner Bruder Peter zur Welt kam, war sein Vater gar nicht da. Er gehörte zu den Menschen, die sich mithilfe des Alkohols jeglicher Verantwortung für ihr Tun im Leben zu entziehen versuchten. Schade fand ich es, denn ich stellte mir damals oft vor, wie schön es sein könnte, wenn auch wir endlich einmal eine richtige kleine Familie sein könnten. Dieses Gefühl überkam mich oft, als Brüderchen unterwegs war. Viel später dann, ich glaube, es waren sicher zwei oder drei Jahre vergangen, als er wieder in unserem Leben auftauchte, aber wie. Meine Mutter hing sehr an ihm, irgendwie hatte sie offensichtlich die Hoffnung nicht aufgegeben, dass er sich doch noch ändern und alles anders laufen könnte, als es dann tatsächlich war. *Kann denn ein Alkoholiker einfach das Trinken lassen, wenn er selbst keine Motivation dazu sieht, sondern nur die anderen es von ihm fordern?* Schnell hatte ich begriffen, dass ich auf der Hut sein musste, denn in gewisser Weise hatte er es auf mich abgesehen, da ich mich bei jeder Gelegenheit gegen ihn stellte, wenn ich es erforderlich fand. Schlimm waren diese Szenen, wenn Mutter ihn provozierte, er stockbetrunken auf sie losging und nach dem nächstbesten Messer griff, um ihr damit zu drohen, sie umzubringen. Was blieb mir denn anderes übrig, als dazwischenzugehen? Ich musste doch etwas tun, konnte doch nicht untätig mit ansehen, wie er sie niedermetzelte. Das war immer der Augenblick, in dem ich blitzschnell dazwischenstand und all meine Angst vergaß, wenn ich in diese irren, vom Alkohol getrübten Augen starrte. Mein Gott, ist der dann oft durchgedreht. In solchen Momenten ist Mutter dann meistens losgerannt – wahrscheinlich im Glauben, dass er uns Kindern sicher nichts tut – und hat einfach in ihrer Angst das Haus verlassen. Da wurde mir dann immer erst bewusst, in welcher Situation ich mich befunden habe. Sicherlich, es ist mir auch manchmal gelungen, ihn zu besänftigen, so sehr, dass er letztlich nur mehr über sein verpfuschtes Leben, seine gescheiterten Beziehungen und meine „fürchterliche" Mutter geredet hat – so lange, bis er dann irgendwann eingeschlafen ist. Aber leider ist mir das nicht immer gelungen, und es passierte nicht nur einmal, dass ich all diese schlimmen Aggressionen über mich ergehen lassen musste. Manchmal schlug er mich mit allem, was ihm in die Quere kam. Einmal lief er mir nach, bis aus dem Haus hinaus, erwischte dort im Garten irgendwo eine Gerte und schlug so lange auf meinen Rücken ein, bis die Striemen regelrecht aufplatzten. Es brannte wie Feuer, aber schlimmer noch schmerzten die Wunden, die sich tief in meine Seele eingruben. *Warum war gerade ich es, die vor Schmerzen viele Nächte nicht wusste, wie sie liegen sollte, um zu schlafen? Warum ließ man die Aggressionen immer an mir aus, reagierte sich an mir ab? Niemanden hat es gekümmert, wie es mir dabei ging.*

Ich hatte das zu akzeptieren, ich war ein Kind, hatte zu gehorchen, hatte das hinzunehmen, was man für mich übrighatte, auch wenn es nur Schläge waren. Oder war es in Ordnung, dass ein Erwachsener, nur weil er nicht ganz bei Sinnen war, unter Alkoholeinfluss stand, versuchte, sich an mir zu vergreifen – auch keine Scheu hatte, mit Gewalt sich alles zu nehmen, was seine sexuellen Bedürfnisse befriedigte? – Warum ich?

Ich habe ihn so sehr gehasst – habe mich so sehr geschämt für das, was er mir angetan hatte, immer und immer wieder –, und sie war allgegenwärtig, die Angst, dass er uns alle umbringen würde, wenn irgendjemand davon erfahren würde ... *Ich bringe euch alle um, wenn du etwas sagst!*

Wenn ein Mensch über so eine derartige Rohgewalt und Kraft verfügt, dass er nicht nur in der Lage war, Türstöcke aus der Wand zu reißen, sondern dies in seinen aggressiven Momenten auch demonstriert, überlegt man sich mit der Zeit, ob es nicht doch sinnvoller ist, die Angst vor diesem Menschen in der Form zu minimieren, indem man sich seinen Forderungen fügt und sich nicht ständig widersetzt. Ich habe all die Schläge hingenommen, all diese Demütigungen, die vielen Schmerzen, die Scham über die vielen Male, als er sich an mir auch sexuell vergangen hat, aber ich habe versucht, meinen kindlichen Stolz trotz allem nicht ganz zu verlieren – versuchte sogar, diese Ungerechtigkeit auf meine Art zu bekämpfen, aber ich schaffte es einfach nicht, so sehr ich mich anstrengte, ich schaffte es nicht.

Ob er heute auch noch manchmal an diese Zeit denkt? – Oder fehlen in seinem Denken diese vom Alkohol beeinflussten Situationen?

Ich sollte ihm verzeihen.

Weihnachten – das Fest der Liebe und des Friedens

Es war wieder einmal so weit: Draußen schneite es, der Wind blies ums Haus, und es war Weihnachten. Für jedes Kind eine ganz besondere Zeit, auch für mich. Ich liebte diesen ganzen Kitsch, diesen wunderschön glänzenden Weihnachtsschmuck, den man überall in den Geschäften, an den Eingangstüren oder auch in der Schule bewundern konnte. Zu Hause gab es das nicht. Mutter hatte in der Adventzeit nie die Wohnräume geschmückt, aber dafür gab es immer einen Adventkranz. Den betrachtete ich oft wie ein Heiligtum, etwas ganz Wertvolles. So schön leuchteten die Kerzen, der Duft des Tannenreisigs …

Nun war er schon ziemlich trocken, wie meistens am Heiligabend. Spannend war dieser Tag natürlich auch immer wegen des Christbaums und der ganz besonderen Stimmung an diesem Abend. Worauf ich mich aber wieder ganz besonders freute, war, dass wir jedes Mal zu Weihnachten und zu Ostern eine Tafel Schokolade bekamen. *Schokolade! Eine ganze Tafel, und die für mich ganz allein – das war Weihnachten!* Ich liebte diese süße Köstlichkeit wie kaum etwas anderes in der Art, und vor allem war das etwas ganz Seltenes für mich. Eine Maltafel hatte ich mir gewünscht. So eine kleine Schiefertafel auf einem Ständer, mit Kreiden dazu … wo ich doch so gerne auch zu Hause „Schule" spielte. *Aber wahrscheinlich wird mir das Christkind wieder etwas Wichtiges zum Anziehen bringen – eine warme Jacke oder etwas anderes in der Art.*

Mutter hatte ziemlich schlechte Laune. Wie sollte es auch anders sein. Unser „Freund", der mich immer verprügelte, war letzte Nacht nicht nach Hause gekommen, und nun stellte sich die Frage, ob er überhaupt den Heiligen Abend mit uns verbringen würde. Insgeheim wünschte ich, er würde nie wiederkommen, sich nie mehr blicken lassen. Aber ich wusste, dass das nur ein Wunschtraum war, irgendwann wird er wieder volltrunken vor der Tür stehen. Den ganzen Tag gab es immer wieder Streitereien zwischen uns allen – irgendwie war die Spannung zu groß. Mutter konnte ihre Nervosität und ihre Enttäuschung einfach nicht verbergen. Das wirkte sich natürlich auf uns alle aus.

Am Nachmittag war es dann so weit: Sie verschwand im Wohnzimmer, und wir wussten, da dürfen wir nun bis zum Abend nicht mehr hinein, denn das „Christkind" war ja am Werk. Stürmisch war es draußen, der Wind heulte, es schneite fast waagrecht, und ich träumte davon, einfach in den Schnee hinauszugehen und weit fortzulaufen, irgendwohin, wo es nicht so kalt ist – kalt bis ins Herz hinein. Ich fror – und im Ofen knisterte das Feuer.

Betrunken, nach Alkohol stinkend, kam er dann heim, konnte sich kaum auf den Beinen halten. Mutter kochte Kaffee für ihn, denn es war ja Heiligabend, und da konnte er doch nicht einfach schlafen gehen.

Es war so weit: „Stille Nacht, heilige Nacht …" Schade, nicht einmal dieses eine Lied konnten wir zu Ende singen. Es musste sein – auf jeden Fall in diesem Moment –, sie warf ihm vor, dass er betrunken war, und unterstellte ihm dazu noch, bei einer anderen Frau gewesen zu sein. *Das gehörte natürlich zur „Stillen Nacht" – darum auch dieser Zeitpunkt –, oder doch nicht? Vielleicht ist das so in Familien, wie unsere eine war, in denen man auf gewisse Dinge nicht sonderlich viel Wert legt. Warum muss ich eigentlich immer so zusammenzucken, wenn sie so schreien? Warum geht mich das auch immer was an? – Es ist doch ihre Sache, wenn sie sich nicht vertragen … Ich will das nicht …*

Schön leuchteten die Kerzen am Christbaum, ganz klein waren sie schon … Wie lange hatten wir denn schon so gestanden? Das Wachs tropfte zu Boden, lauter kleine Tupfen, weiße und rote – *ob sie bald aufhören zu streiten?*

Da steht sie, die Tafel – so sehr habe ich sie mir gewünscht –, *wie schön sie ist!* Aber ich freue mich nicht in dem Ausmaß darüber, wie ich mir das vorgestellt habe. *Warum wohl?* Dabei habe ich noch nie so ein tolles Geschenk bekommen. Ich werde sie jetzt einfach einmal ausprobieren. „Bitte hört doch zu streiten auf" war das Erste, was ich an diesem Abend auf meine wunderschöne Tafel schrieb. Dann ging ich aus dem Raum. Ich konnte es nicht länger ertragen – es fühlte sich an, als ob ich keine Luft mehr bekam, als ob ich ersticken müsste. Er schlug sie wieder. Kalt war es draußen, ich hätte doch einen Schal nehmen sollen, aber was macht das schon? Ganz finster war es inzwischen geworden, es hatte auch aufgehört zu schneien, und diese Stille und die frische Luft gaben mir endlich das Gefühl, wieder atmen zu können. So schnell würde ich an diesem Abend sicherlich nicht zurück nach Hause gehen. Zu sehr war ich enttäuscht, dass es bei uns nie so richtig schöne Zeiten gab, die wir einfach „mitsammen" verbrachten. Der Schnee knirschte unter meinen Füßen. Lange Zeit wanderte ich durch die Dunkelheit, fühlte mich unendlich allein gelassen. Und es lag ein Zauber in der Luft – der Zauber von Weihnachten –, und endlich fand ich ihn: den Weihnachtsfrieden.

Diese Schweine

Meine beste Freundin war ungefähr in meinem Alter, wir standen beide am Anfang unserer Pubertät und hatten die gleichen Probleme mit dem Erwachsenwerden wie Tausende andere vor und nach uns auch. Nur eines schaffte ich nie – wenigstens zu ihr so viel Vertrauen zu haben, um mit ihr über alles reden zu können, was mich beschäftigt. Obwohl ich schon damals genau wusste und auch spürte, dass mir das ganz guttun würde, über gewisse Dinge mit ihr diskutieren zu können, schaffte ich auch ihr gegenüber nicht, diese Hürde zu überwinden. Umgekehrt war das überhaupt kein Problem, denn für sie war ich natürlich die engste Vertraute. Dementsprechend wusste ich auch ganz genau über sie und all ihre Geheimnisse Bescheid. Aber sie war so sehr mit sich selbst beschäftigt, dass es ihr die ganzen Jahre über nicht ein einziges Mal auffiel, dass wir eine recht einseitige Freundschaftsbeziehung hatten. Es war aber trotz allem eine schöne Zeit damals, wenn ich die familiären Schwierigkeiten außer Acht lasse. So oft wir konnten, verbrachten wir unsere Freizeit mitsammen, was aber leider viel zu selten möglich war, am ehesten in den Sommerferien, wobei damit aber nicht nur angenehme Erinnerungen verbunden sind. Einer dieser besagten Sommer hinterließ Spuren, die sich heute noch manchmal bemerkbar machen. Eigentlich ist es schon komisch, über diese Vorfälle heute noch nachzudenken, denn man verdrängt gewisse Dinge, die dann später in der Erinnerung sehr schwer wieder zu definieren sind, zumal sie oft schmerzliche Gefühle hervorrufen.

So eine Erinnerung kommt in mir hoch, wenn ich an diesen Sommer zurückdenke, etwas, das ich nicht wirklich vergessen kann.

Nach langem Hin und Her konnte ich das erste Mal in meinem Leben Mutter davon überzeugen, dass ich in der Lage wäre, gemeinsam mit meiner Freundin, ausgerüstet mit dem Nötigsten und per Fahrrad, die Tante meiner Freundin für eine Woche zu besuchen.

Was auch keine schlechte Idee war, bis auf gewisse Vorfälle, von denen niemand ahnen konnte, dass uns dort so etwas widerfahren könnte.

Die Tante war eine nette Person, klein, still und wirkte ziemlich abgerackert. Ständig hatte sie ein Kopftuch um die kurz geschnittenen Haare gebunden, und ihre einzige Kleidung schien eine Schürze zu sein. Der Onkel hingegen wirkte etwas lebenslustiger, machte immer Scherze und sah gar nicht aus, wie man sich einen Bauern eigentlich vorstellte. Wenn auch manchmal etwas schmutzig von der Arbeit, war er immer in Jeans und Hemd gekleidet und wirkte etwas jünger als seine Frau. Auf jeden Fall war es recht lustig für uns auf dem Bauernhof der beiden, denn wir waren zwischen Höfen mit vielen Tieren aufgewachsen und fühlten uns dort recht wohl. Somit war es für uns nichts Neues, und wir packten auch überall, wo man uns brauchte, fleißig mit an.

Am zweiten Abend kam eine Menge Leute aus der Nachbarschaft herüber. Auch einige Kinder in unserem Alter waren dabei. Es wurde gegrillt und gefeiert, und wir erfuhren erst an diesem Abend, dass die Tante Geburtstag hatte. Es wurde ein recht lustiges Fest, und einer der älteren Nachbarn spielte sogar auf seinem Akkordeon.

Irgendwie endete das Ganze aber trotzdem irgendwann im Chaos, denn ich machte an diesem Abend meine erste Erfahrung mit Alkohol, zumindest so, dass ich ihn selbst zu mir nahm. Zuerst fand ich es noch lustig, als mir der Onkel mit einem Zwinkern ein Glas reichte und dann ständig darauf achtete, dass es nicht wirklich leer wurde, denn er füllte es sofort immer wieder nach. Schmeckte auch gut – Orangensaft mit irgendeiner Art Rum. Natürlich dauerte es nicht lange, bis ich total die Kontrolle über meine Sinne verlor. Ich kann mich noch erinnern, dass ich versucht habe, mich vor dem Onkel zu verstecken und auch vor einem der Nachbarn, denn die wollten meinen Zustand offensichtlich ausnützen – in der Art, dass sie sehr unangenehm zudringlich wurden. Zwar wusste ich in keiner Weise, wovor ich mich fürchtete, aber mein Instinkt trieb mich regelrecht dazu, mich zu verstecken. Und mir war schlecht, so fürchterlich schlecht wie noch nie zuvor. Wie sehr hätte ich mir gewünscht, mich übergeben zu können. Außerdem wollte ich nur noch schlafen. Ich schlich allein in die Kammer, die man uns zum Schlafen zugeteilt hatte, sperrte aber noch vorsorglich vor lauter Angst die Tür zu. Das Donnerwetter, das die Tante am nächsten Morgen auf mich niederließ, war auch nicht gerade angenehm – ich hatte auch meine Freundin ausgesperrt, sodass sie nicht in ihr Bett konnte. Aber es hätte keinen Sinn gehabt, mich zu rechtfertigen, die Tante hätte den Grund sowieso nicht verstanden. Wer aber offensichtlich sehr wohl verstand, war der Onkel, der schaute mich nur aus den Augenwinkeln an und wartete offensichtlich darauf, dass ich darüber redete. Ich denke, das wäre für ihn nicht recht angenehm gewesen, auch nicht, wenn man mir sowieso nicht geglaubt hätte – *ich war ja nur eine dumme „Göre"*.

Aber diese Göre hatte es dem Onkel offensichtlich angetan, genauso wie meine Freundin, nur begriffen wir das zu diesem Zeitpunkt noch nicht wirklich, zu naiv waren wir noch in unserer kindlichen Einfältigkeit. An diesem Tag war Heu einzufahren, eine anstrengende Arbeit, noch dazu war es extrem heiß. Alle halfen wir mit, und es dauerte recht lange, bis alles aufgeladen und eingefahren war. So geschwitzt wie an diesem Tag hatte ich schon lange nicht mehr und müde war ich auch. Aber lustig war es trotzdem, zum Schluss hoch auf dem riesig aufgetürmten Heuwagen nach Hause zu fahren, wo wir alle gleich einmal zum Teich hinters Haus liefen und reinhüpften in der Hoffnung, dass wenigstens das Jucken auf der verschwitzten Haut nachlässt.

Als es am Hof ruhig wurde, alles getan war sowie auch die Tiere gefüttert und die Kühe gemolken waren, hatte ich endlich Zeit, mich mit meiner Freundin hinten im Obstgarten in die Wiese zu setzen und einfach nur den schönen Abend zu genießen. Obwohl wir noch nicht lange auf dem Hof waren, kam es uns mittlerweile schon ziemlich lange vor, da die Tage mit Arbeit vollgepackt waren. Aber wir genossen diesen Bauernhofalltag.

Der Onkel hatte uns schon gesucht und meinte, dass zwei Mädchen wie wir nicht allein herumsitzen sollten. Er bestand darauf, dass wir ins Haus mitkommen, es wäre nämlich Besuch da. Also folgten wir ihm ins Hauptgebäude, wo er uns ins Kellerstüberl hinunterschickte. Erst waren wir etwas verwundert, da nur Männer da waren, machten uns aber nicht weiter Gedanken darüber, denn auch der Onkel kam jetzt nach. Er erklärte uns, dass wir uns einen Platz zum Sitzen suchen sollten, denn es gäbe jetzt gleich auf der großen Leinwand, die schon aufgespannt war, einen schönen Film zu sehen. Keine zwei Minuten später saßen alle Kerle um uns herum und starrten erwartungsvoll auf das große, weiße Tuch, auf das der Film projiziert werden sollte.

Unangenehm war die Atmosphäre da unten, überhaupt mit diesen Männern, es waren ungefähr fünf oder sechs Personen. Dann war es so weit: Das Licht wurde ausgemacht, und man hörte nur mehr das Schnurren des Filmprojektors. Meines Erachtens war es ein komischer, langweiliger Film. Schon der Anfang war irgendwie seltsam, und ständig ging ein Raunen der Männer durch die Runde – wahrscheinlich finden sie ihn auch so uninteressant wie ich, dachte ich noch bei mir. Aber ich sollte mich gewaltig täuschen, denn das, was uns da präsentiert wurde, war ein Pornofilm der schlimmsten Sorte. Das wurde uns dann ziemlich schnell klar, und ich packte, ohne lange zu überlegen, nur so aus dem Gefühl heraus, meine Freundin am Arm, die ganz erschrocken auf die Darbietung starrte, und zerrte sie zur Tür. Aus dem langweiligen Film war ein sehr gewaltbehafteter Pornofilm geworden, und ich wusste, so etwas will ich mir mit meinen elf Jahren ganz sicher nicht ansehen. Nur gab es jetzt ein noch größeres Problem – die Tür war verschlossen. Alle Kerle im Raum fingen lauthals zu lachen an, standen nun auf und umringten uns. Es war ekelerregend, wie sie alle dastanden, teilweise ihre Hosen runtergelassen, schwitzend, auf uns einredend und sogar onanierend.

Es war ganz einfach schrecklich. Einer dieser offensichtlich auch betrunkenen Männer versuchte, mich anzufassen – ich wich zurück –, schließlich hielt er mich fest und versuchte, mir sogar den Mund zuzuhalten, während er mir zwischen die Beine fasste. Meine Freundin stand nur da – kreidebleich, zitternd, unfähig sich zu bewegen –, es musste etwas geschehen. Unzählige Hände versuchten, mich anzufassen, mich auszuziehen – ich bekam fast keine Luft mehr, so fest presste sich mir eine dieser schrecklichen Hände auf mein Gesicht. Irgendwie begriff ich, dass ich keine Chance hatte – hörte auf, mich zu wehren – *Wussten diese Kreaturen in diesem Augenblick, was sie taten?* Nach einer Weile spürte ich sie gar nicht mehr, die Schmerzen. Ich war wie betäubt – mir war schrecklich übel –, dieses Gefühl, mich übergeben zu müssen, wurde fast übermächtig. „Warum? Warum tut ihr das?"

Man hörte nur ein leises Wimmern, ein Schluchzen, ansonsten war es ganz still im Raum. Langsam kam die Erinnerung zurück – ich musste meine Besinnung verloren haben –, die Schmerzen waren fast unerträglich, ich konnte mich kaum bewegen. Meine Freundin saß in der Ecke und weinte, unfähig, auch nur ein Wort zu sagen. Mir war so übel, und die Tränen schossen mir in die Augen, als ich versuchte aufzustehen. Mein Unterleib fühlte sich an, als hätte ich keine Faser mehr an mir, die heilgeblieben wäre. Ich schämte mich so sehr – schämte mich für das, was da passiert war –, und diese Angst, diese schreckliche Angst ... Es gab im Moment nur einen Gedanken, der für mich wichtig war: „Ich muss hier raus!"

Langsam kroch ich zur Tür, die sperrangelweit offen stand – außer uns beiden war niemand mehr da –, mit aller Kraft zog ich mich am Türstock hoch und stolperte über die Stiege hinauf ins Freie hinaus ... *weg, einfach weg von hier* ...

Ich hatte keine Ahnung, wie lange ich draußen in der Wiese gesessen habe. Die Sonne ging gerade auf, und die Tautropfen um mich herum auf den Grashalmen fingen an zu glitzern. Aber ich konnte mich nicht darüber freuen – ich sah auf meine blutverschmierten, zerrissenen Kleider und schämte mich nur –, mein Körper schmerzte – meine Seele blutete …

Wir packten gleich an diesem Morgen unsere Sachen und verließen diesen Hof, den wir danach nie wieder betreten haben.

Und sie sagte kein Wort – die Tante.

Gewitter

Die dunklen Wolken hatten etwas Gewaltiges an sich, die Spannung in der Luft war fast unerträglich. Kein Hauch regte sich, die drückende Hitze dauerte schon eine ganze Weile an. Die Luft stand still. Irgendwie wartete die Natur auf die Erlösung dieses Zustands. Kein Vogel war zu hören, nichts, nur Stille – fast unheimlich. Es wurde immer dunkler, und das mitten am Nachmittag. Der Himmel hatte etwas Gläsernes, fast violett erschien die riesige Wolkenwand, die sich unmerklich näherschob. Es sollte wieder einmal eines dieser gewaltigen Gewitter werden, wie sie bei uns gar nicht so selten waren. Ständig schlug der Blitz irgendwo ein wie auch beim letzten Mal, als das ganze Bahnhofsgebäude unserer kleinen Ortschaft abbrannte. Wie gebannt starrte ich in den Himmel, und die mahnenden Rufe meiner Mutter wollte ich gar nicht wahrhaben. Wie so oft beschloss ich, dieses Schauspiel ganz und gar zu erleben – ich liebte es, während der ärgsten Gewitter mitten im Regen zu stehen und diese Naturgewalt am eigenen Körper richtig zu spüren. Irgendwie gab mir das immer das Gefühl von Freiheit, irgendwie ließ mich das alles die Wunden meiner Seele vergessen, ich war eins mit dem Himmel und wünschte mir in diesen Augenblicken, es möge nie aufhören. Auch an diesem Tag konnte ich es kaum erwarten, dass diese Spannung anfing, sich zu entladen. Wie ein starker Druck war sie zu spüren, hielt einen fest wie mit großen Krallen. Ich war aufs Feld hinausgelaufen, ganz weit, um dem Himmel ganz nah zu sein, um das Gefühl zu haben, dass nichts dazwischensteht. Hautnah wollte ich dieses Schauspiel wieder spüren. Wie oft war ich hier schon gestanden, ganz allein – der Regen peitschte auf mich ein, es blitzte, fast heller, als die Sonne strahlte, und den Donner konnte ich noch unter meinen Füßen spüren –, ich liebte das. Manchmal hatte ich wirklich das Gefühl, mit dem Himmel eins zu sein.

Auf einmal spürte ich ihn, den Wind, der jetzt ganz sachte daherkam – langsam, aber immer stärker werdend. Ganz sanft streichelte er meine nackten Beine, strich durch mein langes Haar. Ich stand da, barfuß und nur mit einem dünnen Shirt und einer kurzen Hose bekleidet. Gleich würde es anfangen zu regnen. Aber ich wartete vergebens, der Wind wurde immer stärker, und ich musste mich anstrengen, um nicht umzufallen – wie ein Sturm kam er jetzt daher, mit ungebändigter Wucht. Mit aller Kraft stemmte ich mich dagegen, und da begann es auch schon unzählige Male hintereinander, ohne Vorwarnung, zu blitzen und zu donnern. Schön war das – bis ins Innerste meines Körpers spürte ich die Kraft, die Energie, die sich um mich herum entlud. Aber es regnete nicht ... Warum? Eigenartig war das, genauso, wie schnell das Gewitter diesmal da war, denn sonst hört man es schon von Weitem, immer näherkommend – an diesem Tag nicht. Wie Nadelstiche spürte ich die Staub- und Sandkörner, die der Wind auf meine nackte Haut presste. Da stand ich nun, das Gesicht gegen den Himmel gerichtet und – war frei – ich selbst.

Dieser ohrenbetäubende Knall war schrecklich, das Gewaltigste, das ich je gehört hatte. Der ganze Boden unter mir hatte vibriert. Obwohl meine Augen geschlossen waren, sah ich ein richtiges Farbenspiel vor mir ... und dann war Stille. Als mich der nächste Donnerschlag aufschrecken ließ, wurde mir bewusst, dass es mich zu Boden geschleudert hatte. Die Luft roch eigenartig, wie nach Schwefel und auch verbrannt ... Vor meinen Augen flimmerte es, ich war nicht in der Lage, einen klaren Gedanken zu fassen und aufzustehen. Der Rauch reizte meine Lungen, ich musste schrecklich husten, meine Augen brannten .... Es stank fürchterlich. Das Feuer knisterte laut vor sich hin – es hatte einen Baum erwischt, ungefähr zwanzig Meter von mir entfernt, der Einzige da draußen auf dem Feld. Ein Blitz hatte ihn offensichtlich getroffen und in der Mitte gespalten, dort brannte er jetzt auch, und dicke Rauchschwaden wurden in meine Richtung geweht. Ich konnte mich nicht bewegen, meine Arme und Beine waren wie betäubt. Diese Urkraft, mit der sich dieses Schauspiel so knapp neben mir abgespielt hatte, hatte natürlich auch Wirkung auf mich. Es musste mich mit ziemlicher Wucht zu Boden geschleudert haben, denn meine linke Seite tat ziemlich weh. Da lag ich nun und wartete, was passierte ... und es passierte gar nichts ... *oder doch?* Ja, es begann nun endlich zu regnen. Ich lag mitten im Feld auf der Erde, der Regen wurde immer intensiver, und dicke, schwere Tropfen durchnässten mich blitzschnell. Wie so oft wurde mir schrecklich kalt, doch ich konnte mich noch immer nicht bewegen. Aber ich wusste, niemand konnte mir in diesem Augenblick dieses unbändige Empfinden von Freiheit nehmen – und nur das war wirklich wichtig.

Ganz frei war er, mein Kopf – frei von Ängsten, frei von allen Sorgen, was wohl der nächste Tag wieder bringen wird.

Schon bald wartete ich sehnsüchtig auf das nächste Gewitter ...

Auch heute habe ich noch immer das Bedürfnis, eins zu sein mit dieser gewaltigen Kraft!

Schläge

Ziemlich laut hörte man wieder einmal das Schreien durch das ganze Haus – Mutter schrie, wie so oft, all ihre Aggressionen heraus, und mein Bruder Markus brüllte sich die Angst aus dem Leib. Ganz genau könnte man das nicht mehr nachvollziehen, wie viele Kochlöffel und derartige Küchengeräte daran glauben mussten, wenn unsere Mutter ihre Aggressionen an uns Kindern auslebte. Dazu brauchte es oft gar nicht viel, dass sie so richtig ausrastete und blind auf uns einschlug. Heute denke ich oft darüber nach, warum das wohl so war. *Konnte sie ihre eigenen Emotionen so wenig in den Griff bekommen?* Diese komischen Tabletten, die sie immer schluckte, waren mir auch nicht wirklich geheuer – Kopfschmerztabletten, meinte sie und die brauche sie –, oder ihr Zigaretten- und Alkoholkonsum, die ziemlich ausgeartet waren, machten mir als Kind ziemlich Angst, denn immer wieder erklärte man mir, wie schädlich das alles sei und was das alles anrichten kann, aber Mutter scherte sich nicht darum, wenn ich sie darauf ansprach – im Gegenteil: Sie wurde aggressiv.

Ja, okay, sie hatte es schwer, sehr schwer sogar. Sie musste allein für uns drei sorgen. Aber ich konnte das einfach nicht verstehen, denn wir Kinder hatten es auch nicht gerade leicht, mussten mit so vielem fertig werden, wovon andere Kinder gar keine Ahnung hatten. *Sah sie das nicht?*

Dass man in der Kindererziehung oft einmal auch auf verschiedene Maßnahmen zurückgreift, ist im Grunde genommen auch in Ordnung und oftmals notwendig, aber so wie wir das immer wieder zu spüren bekamen, war das nicht tragbar und oft fast nicht durchzuhalten. Die vielen Schläge taten weh, machten Angst, blaue Flecken oder blutige Striemen – aber viel schlimmer war der „Hausarrest". Es kam oft vor, dass ich erzieherische Maßnahmen in dieser Art genoss, und das war im wahrsten Sinne des Wortes ein „Arrest". Aufenthaltsort in so einem Fall war das Kinderschlafzimmer, in dem unsere drei Betten und ein Kasten standen, sonst nichts. Dort wurde ich eingesperrt, bis zu zwei Tage ohne Essen, ohne Trinken, und auf die Toilette durfte ich nur manchmal, wenn ich laut genug schrie, unter ihrer Aufsicht – anschließend hieß es wieder eingesperrt sein im Kinderzimmer.

Mutter hatte immer schon sehr brutale Maßnahmen gesetzt, wenn sie meinte, sie müsse uns auf eine korrekte Art und Weise erziehen. Wenn ich dabei meine vielen Narben betrachte, die ich heute noch überall aus diesen schlimmen Zeiten habe, frage ich mich, was wohl alles hätte anders sein können. Diese Narben auf meinen Knien stammen zum Beispiel aus der Zeit, als ich noch ein Kleinkind war. Damals war Mutters Hauptbestrafungsmethode – wenn mein Verhalten nicht ihren Vorstellungen entsprach –, dass ich auf spitz gekloben Holzscheiten knien musste … so lange, bis sie blutig waren. Es tat sehr weh, aber nie hat etwas so sehr geschmerzt wie die Narben tief in meiner Seele, die immer mehr und mehr wurden.

Vielleicht wusste sie es nicht anders, vielleicht hatte sie selbst nie erfahren, wie es ist, geliebt zu werden, und konnte dadurch auch nie Liebe weitergeben. Das ist eine Eigenschaft, zu der sie heute noch nicht in der Lage ist. Vielleicht waren wir Kinder, die schwer zu „lenken" waren, da wir nie eine „behütete" Kindheit hatten und viel zu früh die Tiefen des Lebens kennenlernen und verkraften mussten. Vielleicht aber war sie auch einfach nur nicht in der Lage, ihr eigenes Leben in den Griff zu bekommen. Ich weiß es nicht und werde das wahrscheinlich auch nie begreifen können, zu sehr halten mich diese Dinge emotional fest.

– Und jedes Mal wurden sie größer, diese Narben in meiner Seele.

Auch wir Kinder hatten Probleme, unsere Emotionen zu verarbeiten, nicht ausarten zu lassen. Es kam schon des Öfteren vor, dass auch wir uns untereinander prügelten, manchmal sehr hasserfüllt und aus tiefstem Herzen heraus, als wollten wir all das auf die Art loswerden, was uns selbst angetan wurde.

Ja, auch Markus, der größere meiner beiden Brüder, kämpfte mit diesen Gefühlen, genauso wie ich. Sehr knapp ging es da manchmal her, wenn ich daran denke, was alles passieren hätte können.

So wie es einmal geschah, dass wir stritten und uns rauften, bis ich versuchte, über das Stiegenhaus vor seinen Schlägen nach unten zu flüchten, aber das gelang mir nicht. Er hatte einen dieser schweren Holzpantoffeln geschnappt, wie man sie damals häufig trug, und schleuderte ihn mir nach. Da ich mich genau in diesem Augenblick umdrehte und nach oben sah, traf mich dieser Schuh mit solch einer Wucht auf der Stirn, dass ich ab diesem Moment nichts mehr um mich herum wahrnahm. Als ich mein Bewusstsein wiedererlangte, lag ich ganz unten, am Ende der Treppe in einer riesigen Blutlache. Es blutete aus meiner Nase, aber nicht mehr schlimm, das meiste war schon eingetrocknet, aber ich konnte mich nicht richtig bewegen. Meine Beine spürten sich an, als liefen tausende Ameisen drüber. Meine Brust schmerzte bei jedem Atemzug, offensichtlich bin ich unglücklich aufgeschlagen. Aber das Schlimmste war, dass ich fast nichts sehen konnte. Ich hatte ziemliche Probleme, klar zu sehen – nein, es war gar nicht möglich –, alles war verschwommen und unscharf. In meinem Kopf hämmerte ein Schmerz, der mir fast wieder die Besinnung raubte. Feucht klebte das Blut überall an meinen Haaren, an meinem Kopf – und ich war noch immer nicht in der Lage, mich zu bewegen. Mir war unglaublich übel, und ich musste mich zu dem ganzen Dilemma noch übergeben.

Dann kam sie, meine Mutter. Es müssen Stunden vergangen sein, denn es war schon Abend. Sie packte mich am Arm und zog mich hoch. Ich konnte mich fast nicht auf den Beinen halten – alles schmerzte, alles drehte sich um mich –, mir war noch immer schrecklich übel. Da bemerkte ich auch, dass ich mich in der Zwischenzeit wieder übergeben hatte, aber davon hatte ich nichts mitbekommen. Noch immer konnte ich fast nichts erkennen, ich hatte Schwierigkeiten, meine Umgebung visuell wahrzunehmen.

Mutter „schleifte" mich die Treppe nach oben. Irgendwie schaffte sie es, mich in die Badewanne zu setzen – mitsamt meinen Kleidern – und drehte einfach die Dusche auf, um mich von all dem vielen Blut und Erbrochenen zu säubern. Zimperlich war sie nicht – kalt war mir –, und das Wasser war auch eiskalt – aber es kümmerte sie nicht. Diese Übelkeit verschwand einfach nicht, und die Schmerzen wurden schlimmer.

Irgendwann lag ich nach dieser Tortur dann im Bett. Mutter schimpfte die ganze Zeit vor sich hin, seit sie mich „aufgesammelt" hatte, aber ich konnte nicht verstehen, was sie sagte.

Am nächsten Morgen wurde mir bewusst, was eigentlich passiert war. Nach einer fast schlaflosen, schlimmen Nacht war ich wie gerädert. *Diese Schmerzen – so schlimm waren sie bis dahin noch nie –*, aber dann fiel mir wieder ein, was passiert war. Mein Kopf fühlte sich an, als wäre er dreimal so groß, meine Brust schmerzte – wahrscheinlich war eine Rippe gebrochen, denn das dauerte Monate, bis das weg war –, und mein Rücken musste schlimm an einer Treppenstufe aufgeschlagen sein, denn er war in der Kreuzgegend schlimm geschwollen – darum wahrscheinlich auch dieses Ameisenkribbeln in den Beinen.

Ich sah aus, als hätte man mich halb tot geprügelt – das ganze Gesicht geschwollen, blau-schwarz –, aber einen Arzt sah ich in dieser ganzen Zeit keinen.

Das war auch nicht notwendig, ich lebte schließlich, zumindest konnte ich das alles aushalten, also war's ja auch nicht so schlimm – oder doch?

Mutter meinte nur, ich soll nicht so zimperlich sein.

Es hat ihn nicht gekümmert, meinen Bruder.

Skikurs

Mein Gott, hatte ich mich auf meinen ersten Skikurs gefreut. So richtig toll stellte ich mir das vor, und schon allein der Gedanke daran war richtig aufregend. Das erste Mal auf einer richtigen Piste fahren, das erste Mal mit einem Skilift fahren, das erste Mal in einer Pension übernachten ... toll. Dabei war es gar nicht so sicher, dass ich auch mitfahren konnte, denn Mutter meinte, sie kann sich das wahrscheinlich gar nicht leisten. Es kam aber so, dass sie für mich nicht den gesamten Preis bezahlen musste, da sie finanzielle Unterstützung von irgendeinem Amt bekam, und ich durfte dann doch mitfahren. Selten habe ich mich auf etwas so sehr gefreut. Schon eine Woche vorher hatte ich meine paar Habseligkeiten gepackt, alles, von dem ich dachte, dass ich es mitnehmen sollte. Von den Nachbarn durfte ich mir die Skier samt Skischuhen ausborgen, und so konnte gar nichts mehr schiefgehen.

Als es so weit war, stand ich schon um fünf Uhr morgens bereits fix und fertig angezogen in der Küche, weil ich vor lauter Aufregung einfach nicht mehr schlafen konnte. Mutter schlief noch, wahrscheinlich war sie wieder spät nach Hause gekommen. Aber es war ganz gut, dass ich schon so früh ganz putzmunter war, denn so konnte ich in aller Ruhe noch meinen kleinen Bruder wickeln, ihm sein Fläschchen machen und ihn dann wieder in sein Bett legen, so wie ich das sowieso immer morgens tat, bevor ich zur Schule ging. Viel zu früh machte ich mich dann fertig, nahm meine Reisetasche, den Rucksack mit den Skischuhen, Skier und Skistöcke und marschierte los.

Es war verdammt kalt, und ich hatte das einzige Paar Handschuhe, das ich besaß, irgendwo in der Tasche eingepackt, statt sie anzuziehen, das bekam ich nun sehr unangenehm zu spüren.

Mein Weg zur Schule war ziemlich weit, wenn man bedenkt, dass ich Reisetasche und Skiausrüstung zu Fuß fast fünf Kilometer schleppte, bis ich endlich vor der Schule am Treffpunkt zur Abfahrt ankam. Natürlich war ich die Erste. Ich hatte keine Ahnung, wie spät es war, denn eine Uhr besaß ich nicht, also wartete ich geduldig und voller freudiger Erwartung auf die kommende Woche in den Bergen. Langsam wurde mir bitterkalt, und sehr anstrengend war sie auch, die Schlepperei, die nun Gott sei Dank hinter mir lag. Da hielt schon das erste Auto neben mir, und eine meiner Klassenkameradinnen stieg aus. Auto – das wäre schon etwas Tolles gewesen. So etwas gab's bei uns die ganzen Jahre nie. Ich stellte mir das schön vor, wenn man schwere Sachen einfach ins Auto verfrachten und losfahren konnte. Aber im Grunde genommen war das nicht so schlimm, ich war es gewöhnt, überall zu Fuß hinzukommen. Nach und nach kamen jetzt alle daher – alle wurden sie zur Schule gefahren, bis auf ein Mädchen, aber die wohnte gleich nebenan. Alle Eltern waren da, Mütter, sogar Väter, alle waren sie mitgekommen, um sich von ihren Kindern zu verabschieden. Meine Mutter schlief noch – *was sie wohl wieder gemacht hatte, die letzte Nacht?*

Was mich am meisten faszinierte, waren die tollen Skiausrüstungen, die sich da vor mir auftürmten und darauf warteten, im Bus verladen zu werden. Noch nie hatte ich so schöne Skier gesehen – und bunte, harte Skischuhe, die Schnallen statt Schuhbänder hatten –, es war faszinierend. Ein bisschen hinter dem Mond kam ich mir schon vor, mit meiner alten, geborgten Ausrüstung und meinem total altmodischen Outfit. Mein Anorak hatte auch schon einmal bessere Zeiten gesehen. Es war doch sehr unangenehm, dass man mich von allen Seiten verstohlen betrachtete, und am peinlichsten war es für mich, als meine Klassenlehrerin mich fragte, wo denn meine Mutter sei. Ich brachte es einfach nicht fertig, sie anzulügen – so schaute ich einfach nur zu Boden und sagte gar nichts, aber sie hatte offensichtlich verstanden.

Es ging los! So sehr habe ich mich darauf gefreut, und es war auch meine erste richtige Autobusfahrt. Nach einer Weile wusste ich auch, was ich vergessen hatte: Alle hatten sie von ihren Müttern eine Wegzehrung in Form von Getränken, Broten und Naschsachen mitbekommen – ich hatte nicht daran gedacht. Aber das machte mir nicht wirklich etwas aus. Es war eben ein bisschen lang, bis wir nach Mittag endlich ankamen, aber es war zum Aushalten – ich war es schließlich gewöhnt, oftmals lange Zeit nichts zu essen.

Toll, wie viel Schnee hier überall lag. Die ganze Fahrt über hatte ich schon die Gegend vom Bus aus betrachtet. Und nun waren wir endlich am Ziel. Wir wurden in die Zimmer aufgeteilt, immer zu viert. Mir war es ganz egal, mit wem ich die Schlafenszeit die nächsten Tage verbringen würde, außerdem riss man sich nicht gerade darum, mit mir gesehen zu werden, da ich nicht unbedingt eine strahlende Erscheinung abgab.

Na ja, einen Tag hatte er gedauert, der lang ersehnte Skikurs. Dann kann ich mich an nicht wirklich viel erinnern. Am zweiten Tag, sagte man mir später, habe die Lehrerin den Arzt geholt, der ab da dann zweimal täglich vorbeischaute, um mir eine Spritze gegen das hohe Fieber zu verabreichen. Albträume hatte ich, so sagte man mir, fantasiert und geschrien habe ich, man soll mich nicht schlagen … geschwitzt habe ich so heftig, dass man mir fast jede Stunde das durchnässte Hemd wechselte – all dies erzählte man mir später. Drei Tage ging das so. Und als ich wieder halbwegs klar bei Sinnen war, hatten wir nur noch einen Tag vor uns bis zur Heimfahrt.

Das war er – mein toller, erster und auch einziger Skikurs.

Und dann schleppte ich sie wieder nach Hause: die Reisetasche, den Rucksack, die Skier und Stöcke – ganz allein – fast fünf Kilometer weit.

Anstrengend war's, viel schlimmer als ein paar Tage zuvor. Das Fieber hatte mir viel Kraft gekostet, und ich dachte fast, ich schaffe es nicht bis nach Hause.

Schade, so gerne wäre ich auch über die Pisten gefahren – ich musste darauf achten, nicht umzukippen –, die Sachen waren so schwer …

„Mama, ich bin wieder zu Hause!"

„Ja, ja, packe deine Sachen aus und räume alles weg."
„Mama, ich war krank."
„Du kannst gleich anfangen, das Badezimmer sauber zu machen! Hast du überhaupt wieder alles nach Hause gebracht?"

Träumen

Einsam, aber schön waren die Stunden, die ich oft allein war. Ich liebte es, durch die Landschaft zu spazieren, am Bach zu sitzen, oder einfach irgendwo auf einer Wiese im hohen Gras zu liegen und zu träumen. Zu kostbar waren diese Momente für mich, um sie zu missen. Wann immer ich konnte, verbrachte ich so mein bisschen Zeit ganz für mich allein, um einfach nur vor mich hin zu träumen; träumen – ja, das war schon etwas Schönes. Fantasie hatte ich genug, um aus der Realität zu entschwinden und in die unbeschwerte Welt der Träume einzutauchen.

Auf der Wiese zu liegen, mitten im Duft der Gräser und Blumen den Alltag zu vergessen und den Blick gegen den Himmel zu richten. Wie schön sie waren, die Wolken. So zart und duftig, so leicht ... In meinen Gedanken bin ich oft durch sie hindurchgeflogen. Ich sah spielende Kinder unter mir, die lärmten und lachten. So unbeschwert, so frei von allen Sorgen – wie gern wäre ich gelandet und hätte mitgespielt. Wunderschön waren sie angezogen, richtig hübsch waren die Kleider der Mädchen – und tausende Blumen blühten auf der Wiese, auf der sie herumtollten. Und sie sangen – ein Lied, das ich immer wieder vor mich hin summte.

Manchmal flog ich weiter. Diese lange Straße, unendlich lang, staubig, einsam – da ging er immer entlang –, mein Vater – ganz allein und er winkte mir zu, rief mir nach –, aber ich konnte nicht hinunter zu ihm, so sehr ich es auch wollte, es ging nicht. So ging er dahin auf dieser staubigen Straße, und ich blickte ihm immer lange hinterher – bis dieses Gefühl der Sehnsucht zu sehr schmerzte. Dann dachte ich an die Zeit, als ich nicht umsonst auf der Treppe saß, um auf ihn zu warten. Als er mich jeden Abend hochhob, in seine starken Arme nahm und zärtlich drückte.

Manchmal träumte ich davon, erwachsen zu sein, weggehen zu können und meine eigene Welt aufzubauen. Ich träumte davon, eine große Familie zu haben; Kinder, viele Kinder, für die ich immer da war, wenn sie mich brauchten. Und meine Kinder waren glücklich, unbeschwert und sie konnten lachen. Lachen, das war etwas, das mir sehr fehlte. Bei uns wurde nie gelacht. Nie wurde mitsammen gesungen, gespielt oder eben einfach nur gelacht.

Oft nahm ich Papier und Bleistift mit, wenn ich auf „meine Wiese" ging, um zu träumen. Ich versuchte, meine Gedanken festzuhalten, um sie nicht zu verlieren, indem ich sie aufschrieb. Irgendwie hatte ich das Gefühl, diese Träumereien damit zu besiegeln, ihnen Leben einzuhauchen.

Warum war es nur so schwer, einfach zu akzeptieren, dass mein Leben so lief, wie es nun einmal war?

Aber die Träume waren so ziemlich das Einzige, das mir keiner nehmen konnte. Sie gehörten nur mir, mir ganz allein.

Es war schon hilfreich, während der vielen Schläge einfach abzuschalten, einfach wegzutauchen, an ganz andere Dinge zu denken – zu vergessen, wie sehr sie in der Seele brannten.

Lehrjahre

Mittlerweile war ich nun schon vierzehn Jahre alt und manchmal war ich verwundert, dass ich noch immer so viel Stehvermögen hatte. In der Schule gehörte ich nach wie vor zu den besten Schülern und ich wusste ganz genau, was ich wollte – Krankenschwester wollte ich werden, egal wie schwierig mir das auch erschien.

Doch dazu war ich einfach noch zu jung und musste auch noch mindestens zwei Jahre zur Schule gehen. Meine Entscheidung, diese Zeit in Salzburg zu absolvieren, in einer Schule für Sozialdienste, stellte sich allerdings schnell als „Eigentor" heraus.

Es war dort so üblich, dass man bei einer (von der Schule ausgesuchten) Familie wohnte und im Gegenzug die Versorgung des gesamten Haushalts und der Familie übernahm. Diese Zeit war besonders hart, da es keine Freizeit mehr gab. Na ja, genau genommen ist das auch nicht ganz richtig, denn ich müsste sagen, es hat sich dadurch an meiner bisherigen Situation nicht allzu viel geändert, außer dass ich nicht mehr geschlagen wurde.

Auch hier machte ich die Erfahrung, dass Männer nur ein Ziel vor Augen haben, als mich der „Hausherr" bedrängte, sobald seine Frau nicht da war, allerdings respektierte er mein Nein.

Morgens um halb sechs aus dem Bett, Frühstück machen, Kinder versorgen, Haushalt bewältigen ... nachmittags in die Schule bis zum Abend und anschließend wieder Essen bereiten, Kinder baden und ins Bett bringen, bügeln ... Na ja, und nachts dann die Hausaufgaben machen. Aber nachdem ich das alles schon lange Zeit zu Hause machen musste, fiel es mir auch nicht sonderlich schwer, meine Arbeit gut zu erledigen.

Das einzige Problem war, dass ich auch in dieser Familie die ganzen zwei Jahre hindurch nur ein „Anhängsel" war, ohne jegliche emotionale Zuwendung. Es hatte sich nichts geändert – ich war wie immer allein –, allein mit all meinen Sorgen und Problemen

– das Einzige, das anders war, war die Tatsache, dass ich nicht tagtäglich mit Gewalt konfrontiert war, zumindest nicht mit körperlicher, denn der ständige Druck, den man auf mich ausübte, war enorm – obwohl meine Gedanken ständig zu Hause waren, vor allem bei meinen Brüdern. *„Was wird wohl aus ihnen, wie geht es ihnen jetzt?"*

Alle zwei Monate durfte ich einmal für einen Tag nach Hause fahren. Irgendwie freute ich mich jedes Mal schon darauf, andererseits hatte ich immer ein ganz mulmiges Gefühl. Und so selten ich auch dort war, so schlimm stürzte immer wieder all die ganze Problematik der ganzen Jahre auf mich herein. Es war immer ein Hin- und Hergerissensein – einerseits wollte ich nie zurück nach Salzburg, andererseits hatte ich das Gefühl, zu Hause ersticken zu müssen …

Nur eines wusste ich ganz sicher – ich musste durchhalten, meine Ziele verfolgen, hart dafür arbeiten, um sie auch zu erreichen –, es war klar, dass das meine einzige Chance war, dem Ganzen bald zu entkommen und mein eigenes Leben zu führen, wie auch immer.

Und ich schaffte es wieder, eine exzellente Schülerin zu sein, in der Familie meine Arbeit zur Zufriedenheit aller zu erledigen und das auch alles durchzuhalten – und wieder machte ich die Erfahrung, dass man nur wahrgenommen wird, wenn man versucht, es allen recht zu machen –, *oder doch nicht?* Eine fatale Anschauung, deren Tragweite mir in vielen nachfolgenden Jahren nicht bewusst wurde – eine Art Lebensweise, die einen selbst auf ein Minimum an Selbstachtung und Selbstwahrnehmung reduziert. Ich begriff nicht, dass es an mir allein lag, mich als Menschen wahrzunehmen, meine eigenen Bedürfnisse zu sehen, nicht alles an Emotionen zu ersticken – nur um das Gefühl zu unterdrücken, in diesem Umfeld sonst nicht überleben zu können. Aber es war schon lange zu spät, auch wenn ich das in dieser Zeit nicht begriff, dass mein Ich schon am Sterben war – nur mehr dahinvegetierte in der ewigen Hoffnung, irgendeinmal vielleicht auch das Gefühl zu haben, ein Recht auf Leben zu haben. *Was war ich denn schon? Wer war ich denn? Warum war ich überhaupt, wenn mich doch keiner wollte?* Fragen, die mich oft quälten – Fragen, auf die es keine Antwort gab. Selbst meine Träume wurden nach und nach ungreifbar, zu überarbeitet und müde war ich meist, um ein bisschen Ruhe zu finden, die Möglichkeit, ein wenig zu mir selbst zu finden. Wie eine Maschine vegetierte ich dahin, ich funktionierte und hatte dabei stets nur einen Gedanken: *Durchhalten! Irgendwann wird alles einmal anders sein, irgendwann wird es nicht mehr so hart sein – vielleicht auch nicht mehr gar so weh tun.*

Die darauffolgenden Jahre belehrten mich eines Besseren, nämlich die Gewissheit, dass das Leben ein einziger Kampf ist und bleibt – ich schaffte es, meine Ziele zu erreichen! In den Lehrgängen der Krankenpflegeschule gab es für mich nichts außer arbeiten und lernen – meinem Ziel immer näherzukommen – und der Hoffnung auf ein besseres Leben.

Leben? Ein besseres Leben? Das Problem war nur, dass ich keinerlei Vorstellungen hatte, wie das für mich aussehen könnte.

Eines nur war mir klar: Was mir fehlte, war Liebe – was ich zu viel zu spüren bekam, war Gewalt –, und was zu allerletzt noch dazu kam, war, dass mein bisschen Liebe, das ich fähig war zu geben, auch niemand haben wollte.

Schlimmer, als allein zu sein, ist, in Gegenwart anderer Menschen einsam zu sein.

Immer wieder holte ich mir ins Bewusstsein, dass das doch schon immer so war – doch meistens machte mich das noch trauriger –, ich war schließlich nicht blind – und ich war auch nicht gefühllos –, ständig konnte ich miterleben, wie andere Menschen miteinander umgingen, sich einer um den anderen kümmerte, man sich wegen des anderen Sorgen machte …

Hatte sich eigentlich um mich schon einmal jemand Sorgen gemacht – ich konnte mich nicht erinnern, dass das jemals so gewesen ist –, ich war doch nur ich.

Es waren harte Ausbildungsjahre, zum einen, da man uns sehr viel abverlangte, zum anderen, da ich niemanden hatte, der mir das Gefühl gab, dass ich mit all dem Druck nicht ganz allein dastand – im Gegenteil …

... ich habe sie umgebracht ...

Nun war ich schon im zweiten Ausbildungsjahr und musste ab sofort allein Nachtdienst machen. Mein Herz klopfte, wenn ich daran dachte, dass ich mit einem Mal so viel Verantwortung zu tragen hatte, aber ich wollte mich dem auf jeden Fall stellen. Als ich meinen ersten Nachtdienst antrat, war ich so aufgeregt, dass ich gar nicht wusste, wie ich mit meiner Nervosität umgehen sollte. Unerwartet verlief der Abend sehr routiniert und ruhig. Die Patienten bekamen von all dem nichts mit, und durch das Vertrauen, das man mir entgegenbrachte, fühlte ich mich der Aufgabe auch gewachsen. Es war sehr viel zu tun, und auf einmal hatte ich gar keine Zeit mehr, über diese Dinge nachzudenken. Gegen Mitternacht schaute ich, wie jede halbe Stunde davor, zu einer Frau ins Zimmer, der es sehr schlecht ging. Sie war schon ziemlich alt, wurde ein paar Stunden zuvor operiert und brauchte intensive Überwachung und Pflege. Als ich diesmal bei ihr nachschaute, ob alles in Ordnung sei, bekam ich einen riesigen Schreck: Sie reagierte nicht, atmete nicht und hatte auch keinen Puls. Sofort lief ich ins Dienstzimmer (mobile Telefone gab es damals noch nicht), rief beim Portier an, damit er das Notfallteam schickt, packte den Notfallkoffer und lief zu ihr zurück. Ohne lange zu überlegen, holte ich sie mit fast übermenschlichen Kräften allein aus dem Bett, um sie auf den Boden zu legen, was hinterher betrachtet fast unglaublich war. Erst danach hatte ich die Chance, sie wiederzubeleben, da das auf der Matratze, die ständig nachgibt, nicht möglich gewesen wäre. Schon bei den ersten Herzmassagen passierte es dann – es krachte so fürchterlich, dass ich vor Schreck und Verzweiflung fast zu heulen anfing. Offensichtlich hatte ich ihr das Brustbein beziehungsweise ein paar Rippen gebrochen. In dem Moment ging die Tür auf, und das Ärztenotfallteam vom Krankenhaus kam mir zu Hilfe. Als ich dann mit verfolgte, wie man vergeblich versuchte, sie wiederzubeleben, glaubte ich, dass ich sie endgültig umgebracht habe. Ich war davon überzeugt, dass ich dafür verantwortlich bin, weil ich ihr das Brustbein gebrochen habe. Alle Versuche der Ärzte, mir klarzumachen, dass dem nicht so sei, gingen in dem Moment ins Leere. *Ich habe die arme Frau umgebracht!*

Nach dieser Nacht erschien es mir unmöglich zu schlafen. Immer wieder hatte ich das Bild dieser Frau vor Augen. Schließlich hielt ich es nicht mehr aus. Ich machte mich wieder auf den Weg ins Krankenhaus und meldete mich in der Prosektur an. Man informierte mich darüber, dass die besagte Patientin noch am selben Tag obduziert werden sollte. Natürlich war ich dabei und bekam vom Pathologen einerseits die Gewissheit, dass sie nicht mehr zu retten gewesen sei, da ihre Erkrankung zu weit fortgeschritten und der operative Eingriff offensichtlich zu viel für sie war, andererseits klärte er mich darüber auf, dass es durchaus nicht ungewöhnlich war, vor allem bei älteren Menschen, dass bei Wiederbelebungsversuchen derartige Brüche passieren. Ich war unendlich erleichtert.

In der ganzen Ausbildungszeit war es keine Seltenheit, dass ich immer wieder an meine Grenzen kam, unglaublich stark sein musste und vieles lernen musste, um mich weiterzuentwickeln. Eines blieb aber offensichtlich immer auf der Strecke, und das war ich selbst. Irgendwie schaffte ich es nicht, ein bisschen Egoismus zu entwickeln, mehr auf mich selbst und meine Bedürfnisse zu achten – es war, als wäre ich nur mehr für andere da –, voll und ganz.

Aber ich schaffte es, ich erreichte mein Ziel und arbeitete mich sehr schnell weiter nach oben. Als ich mein Diplom in der Tasche hatte, war das Nächste, das ich in Angriff nahm, die Ausbildung zur Operationsschwester im chirurgischen und im orthopädischen Operationssaal und außerdem zur Intensivschwester.

Und wieder wurde meine Erfahrung bestätigt: Nur wenn ich genügend Leistung bringe, sieht man nicht ständig über mich hinweg, als wenn ich gar nicht vorhanden wäre.

So kam es, dass ich bis zur Perfektion lernte und meine Arbeit mit einer Motivation ausübte, dass es schon an meine Grenzen ging. Aber ich hatte endlich etwas geschafft, worauf ich stolz sein konnte: Ich hatte mein Ziel erreicht.

Da konnte es doch gar nicht so schwer sein, auch alles andere in den Griff zu bekommen.

Immer wieder träumte ich von einer eigenen Familie, von eigenen Kindern – glücklichen Kindern –, die unbeschwert und ohne Angst aufwachsen. In meinen Träumen war meine kleine Familie „eine einzige Umarmung", ein Ort der Harmonie und Liebe – all das, wonach ich mich immer gesehnt hatte.

Familie? Hatte ich überhaupt je eine Ahnung, was das wirklich ist? Ja, ahnen konnte ich es. Es gab genug Beispiele in meiner Umgebung … aber ich wusste nie, wie es ist, wie es sich anfühlt, Geborgenheit zu spüren, das Gefühl zu haben, zu Hause zu sein … einfach nur zu wissen, da gehöre ich hin, da bin auch ich ein Teil davon.

Ja, vorstellen konnte ich es mir schon – in meinen Träumen –, aber es kam ganz anders.

Kloster

Während der Ausbildungszeit reifte der Gedanke, dass ich auch ins Kloster gehen könnte. Das stellte ich mir sehr schön, sehr friedlich und sorgenfrei vor. Der Gedanke, Mitglied in einer Ordensgemeinschaft zu sein, hatte für mich auch die Vorstellung von Sicherheit.

Wieder einmal saßen wir beisammen. Der Gemeinschaftsraum war immer ziemlich stickig und warm. Einmal pro Woche trafen sich hier alle Schwesternschülerinnen – so nach dem Motto des freiwilligen Zwangs –, um gemeinsam mit der Schwester Oberin Bibelabende abzuhalten.

Ich bemühte mich meist sehr, mit meinen Gedanken bei der Sache zu sein. Und je öfter ich mich zu solch geistigen Ausflügen in die Welt „der Religion und des Friedens" begab, umso mehr begann sich die Sichtweise meiner Lebenseinstellung zu verändern.

Langsam, aber sicher war ich der Überzeugung, dass hier vielleicht auch ein Platz für mich sei, die vielleicht einzige Möglichkeit, meinem persönlichen Elend zu entfliehen.

Plötzlich war da etwas Großes, etwas, das mir das Gefühl vermittelte, dass auch ich dazugehöre. Es waren Menschen um mich, die mich so wahrnahmen, wie ich war. Meine ständige Angst und mein Misstrauen waren auf einmal unbegründet.

Ich las das erste Mal in meinem Leben in der Bibel, und es war spannend und interessant, diese Schriften Stück für Stück zu lesen und zu versuchen, sie zu verstehen – was ich allerdings schnell erkannte: Es gab hier nichts, was ich für mich umsetzen konnte. Da es meiner Natur entsprach, alles zu hinterfragen, stieß ich bei den Ordensschwestern schnell auf Ablehnung. Man konnte offensichtlich keine „Zweifler" gebrauchen.

Mein Entschluss, mich vom Gedanken, ins Kloster einzutreten, wieder abzuwenden, wurde dann aber endgültig dadurch besiegelt, dass ich immer wieder miterleben musste, wie die Ordensschwestern untereinander und auch mit anderen umgingen. Da war nichts zu spüren von Mitgefühl, Zuwendung oder Mitleid, auch nicht mit den Schwerstkranken. Man beschränkte sich aufs Beten.

Auch hier würde ich kein Zuhause für meine einsame Seele finden.

Männer

Die Jahre meiner Jugendzeit sind offensichtlich nicht so verlaufen, was man „normal" nennt. Ich konnte mich nur über Leistung definieren. Die Tatsache, für Leistung Anerkennung zu bekommen, war schon Grund genug. Für mich war es die einzige Chance, von Zeit zu Zeit ein bisschen Anerkennung und Zuwendung zu erfahren – aber die Einsamkeit tief im Inneren blieb. Es fehlte etwas ganz Wesentliches – aber ich wusste nicht, was es war, wie es sich tatsächlich anfühlen würde –, es gab da nur diese Sehnsucht, die ich mir zwar erklären konnte, aber keinen Weg sah, etwas daran zu ändern.

Immer wieder machte ich Erfahrungen, als junge Männer versuchten, an mich heranzukommen. Ich konnte es unmöglich zulassen. Augenblicklich waren da die unzähligen Erlebnisse aus meiner Kindheit wieder da – und schmerzten. *Warum sollte ich mir das freiwillig antun, mich von einem Mann so verletzen zu lassen? Was wollen die denn von mir?* Aber je mehr ich Ablehnung demonstrierte, umso intensiver wurden die Versuche, mich umzustimmen. Ich konnte es nicht ertragen, wenn mir jemand zu nahe kam. Es fühlte sich schrecklich an. Dazu war es um meinen Selbstwert so schrecklich bestellt, dass ich davon überzeugt war, es kann niemanden geben, der mich als Mensch mag, mich wahrnimmt und auch achtet. Eines war klar: Sie wollen alle nur das eine von mir, und das war ich nicht gewillt, noch einmal zuzulassen. Zu schlimm waren die Erinnerungen, die Narben in meiner Seele brannten noch immer.

Das Schlimmste war aber diese Unfähigkeit, mit den Gefühlen klarzukommen, die in solchen Situationen immer wieder hochkamen. Auf einmal stand mein Stiefvater wieder vor mir, auf einmal war da wieder diese Horde von geilen Monstern, die nur ihre Befriedigung wollten, egal um welchen Preis. In diesen Momenten fühlte ich mich nur mehr klein – klein, hilflos und ausgeliefert, und niemand war da, dem ich mich anvertrauen konnte, der mir ein Stück dieser Last abnehmen würde –, ich konnte es doch niemandem erzählen. Vielleicht war ich sogar selbst schuld, dass das passierte – damals ...

Ob meine Brüder auch einmal so mit Mädchen und Frauen umgehen? Vielleicht ist das auch ganz normal – vielleicht stimmt ganz einfach mit mir etwas nicht ...

Irgendwann bin ich ihm dann begegnet, dem Mann, mit dem sich alles geändert hat. Er war nicht nur in seinem Wesen zärtlich, er lebte diese Zärtlichkeit auch. Auf einmal war dieses einheitliche Bild von den Männern, das sich mir über viele Jahre hindurch eingeprägt hat, nicht mehr dasselbe. Ich hatte mich geirrt.

Auf einmal gab es da jemanden, der mich als Mensch wahrnahm, der mir Wertschätzung entgegenbrachte und mich zu nichts drängte – ich konnte es nicht fassen. Langsam kamen in mir immer mehr Emotionen zum Vorschein, mit denen ich gar nicht umgehen konnte, da ich sie nicht einmal kannte. Es kostete auch immense Überwindung, ihn meine Gefühle spüren zu lassen – das war verdammt schwierig –, da war immer die Angst, er könnte sie „mit Füßen treten", so wie ich das von ganz früher her schon zu gut kannte. Nach und nach verschwand diese Unsicherheit, und wir wurden ein Paar.

Es war zum Verzweifeln. Tief in meinem Inneren kam ich einfach nicht klar. So sehr ich mir wünschte, die Vergangenheit endlich abzuhaken, es ging nicht. Immer wieder platzten die alten Wunden in meiner Seele auf.

Irgendwann war es dann aber passiert: Ich konnte die Vergangenheit so weit „wegsperren", dass sie in der Gegenwart an Bedeutung verlor.

Immer öfter hatte ich das Gefühl, dass ich endlich „durchatmen" konnte.

Simon wurde der Vater meiner Kinder, und auf einmal hatte ich meine eigene kleine Familie.

Das Märchen von der neuen Welt

Es war einmal eine neue Welt,
so wie sie jedem von uns gefällt.
Dorthin wollt ich mit dir fliegen
und alle Grenzen dieser Welt besiegen.

Eine Welt, wie nur zwei mitsammen sie träumen,
mit Liebe, Hoffnung und keinen Tränen.
Flieg mit mir, komm, mach dich frei,
lass alle Sorgen einmal sein.

Es war einmal ein schöner Traum
von diesem Märchen, du kennst ihn schon.
Eine Rolle möcht' ich spielen darin,
ohne Grenzen und mit dir allein.

Ein Märchen nur, aber für uns geschrieben,
es erzählt davon, wie sehr wir uns lieben.

Es war einmal –
und wenn sie nicht aufhörten zu träumen ...

Kinder

Es war endlich so weit: Die Geburt meines ältesten Sohnes stand bevor. Nun würde ich wissen, was es heißt, wie es sich anfühlt, Mutter zu sein. Wie auch jede andere Mutter auf der Welt durfte ich erfahren, wie sich dieser unglaubliche Augenblick anfühlt, das erste Mal sein Kind in den Armen zu halten. Es war überwältigend: Ein nie gekanntes Gefühl von Wärme, Zuneigung, Liebe ließ mich schaudern. Ich konnte mein Glück nicht fassen.

Meine Kinder haben mir allein nur durch ihre Existenz gezeigt, dass ich sehr wohl in der Lage bin, Liebe zu schenken – ich hatte immer daran gezweifelt. Dieses tiefe Gefühl von Verbundenheit hat sich nie wieder geändert – es ist im Lauf der Zeit immer mehr gewachsen.

Selbst mein kleiner Erik, der nicht die Chance hatte, so lange in mir zu wachsen, um auf dieser Welt zu überleben, wird immer einen Platz in meinem Herzen haben. Er ist viel zu früh gekommen und hat nicht überlebt – ich werde ihn nie vergessen.

Ihr Vater hat die Geburt seiner Kinder sehr gelassen hingenommen. Anfangs schafften sie es, auch ihn mit ihrer unvoreingenommenen Liebe in den Bann zu ziehen. Er zog sich aber immer mehr in seine eigene Welt zurück.

Ich hingegen mutierte zur Übermutter. Mein ganzes Leben drehte sich nur mehr um die Kinder, und das war gut so.

Sie waren das schönste Geschenk, welches das Leben mir je zugestanden hatte.

Mein fester Entschluss, meinen Kindern alle Liebe zu schenken, zu der ich je fähig sein werde, war mein hauptsächliches Bestreben. Je mehr sich ihr Vater zurückzog, umso mehr versuchte ich, auch diese „Lücke" in ihrem Leben zu kompensieren.

Das erste Mal in meinem Leben hatte ich das Gefühl, glücklich zu sein. Ich konnte mich über jeden Tag mit ihnen freuen und versuchte, uneingeschränkt für sie da zu sein. Sie sollten nie erfahren müssen, was es heißt, unendlich einsam und traurig zu sein, ständig Angst haben zu müssen und zu glauben, es will sie niemand haben.

Das schönste Geschenk, das meine Kinder mir jeden Tag machten, war ihr Lachen. Sie waren so fröhlich, so unbeschwert.

Manchmal reich' ich dir die Hand

Manchmal möchte ich dir einfach nur den Himmel zeigen,
die Unendlichkeit, wie wir sie nie begreifen werden.
Kennst du den kleinen Stern, der jede Nacht dort oben steht,
so sicher, wie die Erde ihre Bahnen zieht?

Manchmal ist es nicht zu spät, ganz still zu werden,
nicht zu lärmen und nicht zu reden.
In sich hineinzuhören – eins mit sich zu sein
und endlich zu sehen, was man ist: unbedeutend und klein.

Manchmal fühlt man, was es heißt,
diese Kraft zu wissen, die alles mit sich reißt.
Wir wissen, wir fühlen und wir leugnen,
doch werden wir ihr irgendwann begegnen.

Manchmal, da möcht' ich's dir erzählen,
da möcht' ich dir alles geben,
manchmal, da verlässt auch mich der Mut,
da bin ich dann nicht stark und klug …

Manchmal reich' ich dir die Hand,
möcht' dir zeigen, was die Welt für Geheimnisse vor uns hat.
Manchmal möcht' ich dich beschützen,
vor Schmerz deine zarte Seele hüten.

Manchmal möcht' ich dir die Träume zeigen,
die, die dich ein Leben lang begleiten.
Verlier sie nicht, schließ sie ein in dein Denken,
lass dich manches Mal ein wenig von ihnen lenken.

Alkohol – Drogen – Gewalt – Schulden

Lange Zeit war ich in dem Glauben, ich war verantwortlich, dass Simon sich immer mehr zurückzog. Immer öfter kam er erst spät nachts betrunken von der Arbeit nach Hause.

Überall fand ich leere Schnapsflaschen – hinter der Waschmaschine, im Schrank, im Müll.

Irgendwann gestand er mir, dass er schon vor unserer gemeinsamen Zeit abhängig war und ein Jahr bevor wir uns getroffen hatten, einen Entzug gemacht hatte – auch von harten illegalen Drogen – und nun wieder rückfällig geworden war.

Für mich brach wieder eine Welt zusammen. Fast zeitgleich erreichte auch bei meiner Mutter der Alkohol- und Medikamentenmissbrauch ihren Höhepunkt. Ich war verzweifelt.

Abendessenszeit: Wir saßen mit den Kindern am Tisch. Die beiden Kleinen gerieten sich wegen einer Kleinigkeit in die Haare. Simon steigerte sich so hinein, dass er seinen vollen Teller Suppe gegen die Küchenmöbel schleuderte.

An einem der darauffolgenden Tage ärgerte er sich so sehr darüber, weil ich gerade erst mit dem Staubsaugen fertig wurde, als er heimkam, dass er voller Wut neben den Kindern das Glas der Wohnzimmertüre zerschlug. Danach prügelte er auf mich ein. Ich war wie gelähmt. Es war wieder da, dieses Gefühl der Hilflosigkeit. Die Schläge taten tief in der Seele weh. Zu den neuen Wunden platzten alte Narben auf. Es war fast nicht auszuhalten.

Nach kurzer Zeit war unsere kleine Familie in einer Spirale von Gewalt und Angst, die sich immer schneller drehte.

Oftmals saß mein Großer unter seinem Schreibtisch und weinte, weil ihm der Kopf so wehtat. *Der Papa hat so fest draufgehauen.*

Meine Kleine hatte ein total offenes Ohr, das extrem aufgerissen war, nachdem er sie so heftig daran gezogen hat – es hatte keine Chance abzuheilen, weil er das immer wieder machte. Ja, und mein

Jüngster, er wurde nicht nur geschlagen, ihn packte er eines Tages und schleuderte ihn gegen die Wand. Ich wusste einfach nicht mehr, was ich tun sollte. Das Einzige, das ich in dieser Zeit übermächtig registrierte, war Angst, vor allem Angst um meine Kinder – *Warum tust du das? Warum müssen unsere Kinder so leiden? Warum bist du nicht in der Lage, sie einfach nur zu lieben? Wie soll ich sie vor dir schützen? Was soll ich nur tun?* – Manchmal wünschte ich mir, er trinkt so viel, dass er an einer Vergiftung stirbt – das ging so weit, dass ich mir ausmalte, wie das dann für uns wäre –, und ich kam zu dem Schluss, es wäre das Beste für alle. Dass er seine Aggressionen gegen mich richtete, wenn ich mich schützend vor die Kinder stellte, und er dann statt der Kinder mich schlug, machte mir nichts aus, aber meine unbändige Wut in diesen Augenblicken machte mir Angst vor mir selbst. Wenn ich in so einem Moment in die Augen meiner Kinder sah, hätte ich ihn umbringen können. *Offensichtlich bin ich zu schwach, um mich selbst zu schützen, aber meinen Kindern tust du nicht länger weh!*

Er kam spät nachts nach Hause. Sein Atem roch extrem nach Alkohol. Nachdem er sich ins gemeinsame Bett gelegt hatte, erbrach er sich auf das Kopfpolster. Ich wollte das Bett verlassen, aber er war schneller, hielt mich fest, zwang mich mit Gewalt, mich wieder hinzulegen, schlug auf mich ein und nahm sich mit Gewalt, was ich freiwillig auf liebevoller Basis unter diesen Umständen nicht mehr in der Lage war, ihm zu geben. *Da war es wieder, was mein erbärmliches Leben ausmachte. Warum hört das nicht auf? Was ist es, das mich immer wieder in diese Situation bringt?*

Ich wurde co-abhängig. Meine ganze Konzentration richtete sich nur mehr auf die Tatsache, Simon helfen zu wollen, nach außen zu vertuschen und Situationen zu schaffen, um ihn zu besänftigen. Es war, als ob jegliche Verantwortung für sein Handeln allein bei mir gelegen hätte. *Ich muss dafür sorgen, dass er das schafft! Ich muss stark sein und ihm dabei helfen!*

Mutters neuer Mann rief an: „Sie stirbt!" Sofort hastete ich in die Wohnung meiner Mutter. Sie hatte wieder einmal eine ganze Flasche Schnaps und viel zu viele Medikamente intus und war bewusstlos. Der Notarzt ließ sie auf der Stelle in die Psychiatrie bringen – es war ziemlich knapp –, sie hätte es wieder einmal fast nicht überlebt.

Als sie wieder entlassen wurde, war ihr einziges Bestreben, mich fürchterlich zu beschimpfen, da es mir nicht zustünde, mich in ihr Leben einzumischen.

Die nächste Rettungsaktion beschwor ihr Mann herauf. Er war ein labiler Mensch, der mit ihren Exzessen nicht klarkam. Er hatte sich im Schuppen erhängt. Ich konnte ihn gerade noch rechtzeitig herunterschneiden, da ich kurz nach ihm auf dem Weg in den Schuppen war. Insgesamt hatte ich acht Selbstmordversuche von ihm miterlebt, und langsam wurde das schlimm.

Solche Vorkommnisse gehörten in dieser Zeit für mich schon fast zum Alltag – und doch war es einfach nur schrecklich –, manchmal dachte ich: Ich lasse es bleiben – sie wollen es doch so.

Mein Leben ist nur noch ein Kampf!

Papa, wo bist du?

Immer wieder dachte ich an meinen Vater. In der Vergangenheit hat man mir erzählt, dass er wieder verheiratet ist, drei weitere Kinder hat und inzwischen gestorben ist.

Das habe ich nicht geglaubt. Wenn er nicht mehr leben würde, dann würde ich das spüren, davon war ich immer überzeugt. Es ließ mir keine Ruhe. Eines Tages war ich dann so weit, dass ich fest entschlossen war, mich auf die Suche nach ihm zu machen. Aber wo sollte ich anfangen?

Es stellte sich heraus, dass meine Mutter noch alte Briefe von meinem Vater hatte. Sie erlaubte mir auch, diese zu lesen, und meinte, ich würde dann schon sehen, dass er sie einfach sitzen lassen hatte. Als ich die Briefe vor mir hatte, war da wieder dieser uralte Schmerz, dieses schlimme Vermissen.

Seine Briefe waren ein einziges Trauern über ihre Entscheidung, nicht, wie ursprünglich gemeinsam geplant, mit uns Kindern nachzukommen. Sie hatten vor, für ein paar Jahre nach Südafrika zu gehen, wo er die Chance hatte, einiges Geld zu verdienen, um dann in Österreich ein Haus zu bauen. Offensichtlich hat meine Mutter relativ bald aufgehört, seine Briefe zu beantworten. Seine Zeilen waren sehr traurig und voller Unverständnis über die Situation, auch dass sie in ihren Briefen nur Geld fordert und immer seltener schreibt. Zwischen den Briefen fand ich auch alte Flugtickets für sie, meinen Bruder und mich, die sie nie gebraucht hat. Er wollte wieder zurückkommen, was sie aber offensichtlich abgelehnt hatte. In dieser Zeit gab es auch schon andere Männer in ihrem Leben, und einige Zeit darauf ist mein kleiner Bruder zur Welt gekommen. Das war der Zeitpunkt, als ihre Ehe geschieden wurde.

Als Kind hatte ich, als ich dann schon in die Schule ging, auch immer wieder Briefe an meinen Vater geschrieben und war extrem enttäuscht, dass nie eine Antwort kam. Diese Briefe fand ich unter den alten Briefen meines Vaters – sie wurden nie abgeschickt. Da war sie wieder, die Enttäuschung.

Immerhin aber hatte ich eine alte Adresse von ihm, vielleicht ein Anhaltspunkt, um ihn zu finden. Über viele Umwege, Kontakt mit der Österreichischen Botschaft in Kapstadt, Briefwechsel mit immer weiteren Personen an seine alten Adressen, die mir dann jeweils die „neue" gaben, wo er hingezogen ist, fiel mir ein, dass er Funker war. Auf diesem Weg versuchte ich es ebenfalls über Bekannte und wurde „fündig". Es gab da nach vielen Versuchen auf einmal jemanden, der ihn kannte, sogar wusste, wo er wohnte und seine Telefonnummer hatte.

Das war sie nun, Papas Nummer, und eigentlich brauchte ich nur anzurufen, um mit ihm zu reden. Es dauerte einige Zeit, bis ich das konnte. Zu viel Zeit war vergangen, zu viel war passiert, und es war schwieriger, als ich dachte, den Mut dazu zu finden. *Wie wirst du reagieren? Wirst du überhaupt mit mir reden? Hast du mich vergessen? Warum hast du mich verlassen …?*

Meine Hände waren schweißnass, mein Herz raste, und meine Stimme war zittrig, als er den Anruf entgegennahm. Da war sie, Papas Stimme – ich habe sie so sehr vermisst. Trotzdem war ich in der Aufregung nicht sicher, ob er es auch wirklich ist – *ja, Papa, du bist es, ich würde dich unter Tausenden wiedererkennen!*

Es war ein einziger Vorwurf, den er mir entgegenbrachte, dass man mit so etwas keinen Spaß macht und einfach behauptet, man sei die Tochter und … *Papa, ich bin es wirklich!* Einige Minuten lang konnten wir dann beide nicht sprechen, dann siegten die Emotionen, und wir heulten beide nur noch. Nach einigen Minuten war das Telefongespräch beendet. Als ich mich wieder einigermaßen gefangen hatte, saß ich die halbe Nacht, um ihm einen endlos langen Brief zu schreiben. Dann passierte ungefähr einen Monat lang gar nichts. Endlich kam seine Antwort, und da waren sie wieder, die extremen Gefühle.

Was nun kam, war ein ständiges Briefeschreiben, Warten auf Antwort, immer wieder Telefonieren, und doch passierte da etwas, das ich nicht verstehen konnte. Papa hielt mich auf Abstand, ließ mich nicht an sich heran, konnte mit der Situation nicht umgehen, meinte, er kommt mit dem schlechten Gewissen nicht klar, dass er wirklich nicht zurückgekommen ist und uns Kinder dadurch im Stich gelassen hat. Da waren sie wieder, die Enttäuschung, das Vermissen, die alten Bilder, das endlose Warten auf ihn, das Gefühl von Verlassensein. *Warum machst du es mir so schwer? Ich brauche dich!*

Flucht

Langsam, aber sicher verlor ich den Boden unter den Füßen.

Ein Anruf vom Chef meines Mannes: Er bat mich um ein persönliches Gespräch, in dem er mir mitteilte, dass er Simon nur wegen mir und der Kinder noch nicht gekündigt hat, aber dass es nicht mehr lange dauern wird, da sein starker Alkoholkonsum, vor und während der Arbeitszeit, für die Firma nicht mehr tragbar wäre.

Es war mir zu diesem Zeitpunkt schon egal. Ich musste, obwohl die Kinder noch so klein waren, ziemlich viel arbeiten, weil er das Geld, das er noch verdiente, für seinen Alkoholkonsum verbrauchte. Da ich niemanden hatte, der mich unterstützen würde, arbeitete ich ausschließlich nachts.

Ich musste für unsere Existenz sorgen – und wusste zeitweise nicht, wie ich das schaffen sollte. Meine Kräfte waren fast aufgebraucht. Zudem hatte ich ständig Angst um die Kinder, wenn er während meiner Nachtdienste mit ihnen allein war.

Seine Gewaltausbrüche und Übergriffe beschränkten sich schon lange nicht mehr nur auf mich. Er hatte keine Skrupel, auch immer öfter auf die Kinder einzuschlagen. Ich musste etwas unternehmen …

Eines Morgens kam dann die nächste Ernüchterung – hundemüde kam ich vom Nachtdienst nach Hause. Etwas war anders – eine andere lag in meinem Bett.

Und es kam noch schlimmer. Diese Person war über Nacht bei uns eingezogen – Simon hatte sich seine Freundin nach Hause geholt, mit der er mich schon längere Zeit betrogen hatte.

Als ich die beiden zur Rede stellte, rastete er aus – drohte mir, mich umzubringen, und wurde wieder gewalttätig, sowohl den Kindern als auch mir gegenüber. Einige Stunden später, als ich endlich erkannte, dass es sinnlos war, noch irgendetwas an der

Situation ändern zu wollen, packte ich das Notwendigste zusammen, holte die Kinder aus ihren Zimmern und flüchtete mit ihnen aus der Wohnung.

Wut, Enttäuschung, Panik, Traurigkeit – meine Gefühle überschlugen sich –, das war einfach zu viel.

Warum tust du mir das an?

Angst

Lass die Gedanken frei, die dich quälen Tag für Tag,
gib der Hoffnung eine Chance, auch wenn du denkst, dass sie dich nicht mag.
Sieh in die Zukunft, trau dich doch, sieh nach vorn,
die Angst zu verlieren ist groß, doch nicht jede Rose hat Dornen.

Nimm dir, was das Leben dir gibt, lass es zu,
das Einzige, was dabei zählt, bist du,
steh zu dem, was du dir wünscht, hab einfach Mut,
dann geht's dir auch bald wieder gut.

Sieh dem Schicksal ganz fest in die Augen,
du wirst sehen, du kannst auch wieder an die Liebe glauben.
Es ist nie zu spät, lass dich nicht gehen, kämpf wieder dafür,
vielleicht steht dann auch bald das Glück wieder vor deiner Tür.

Hab keine Angst vorm Leben, keine Angst vor Verlust,
nichts währt ewig, alles vergeht, löst sich auf in Luft.
Aber eines kann dir keiner nehmen, vergiss das nie,
deine Gefühle, deine Gedanken, die gehören ganz alleine dir!

Konrad

In meiner Verzweiflung rief ich einen langjährigen Freund an, er wohnte ziemlich weit weg, in Wien. Ohne viel zu fragen, machte er sich auf den Weg, um die Kinder und mich zu holen und vorerst „in Sicherheit" zu bringen.

Dieser Freund, Konrad, war seit einiger Zeit geschieden und lebte mit seinem Sohn allein. Das Fatale war, dass seine damals 18-jährige Tochter die Freundin meines Mannes war, die nun in meinem Zuhause wohnte.

Konrad bot mir spontan an, dass ich vorerst mit den Kindern bei ihm bleiben kann, bis ich eine eigene Wohnung gefunden habe beziehungsweise alles geklärt ist.

Plötzlich war da jemand, der sich um uns kümmerte, der Anteil nahm an dem, was passiert war. Es war sehr schwer, das anzunehmen. Da war so ein Gefühl, ihm etwas schuldig zu sein.

Er machte es mir leicht. Der Deal war, ich kümmere mich die Woche über um seinen Sohn, den Hund und die Wohnung, dafür ist es in Ordnung, dass wir bei ihm wohnen. Konrad war beruflich viel unterwegs und nur an den Wochenenden zu Hause.

Was wird nun aus uns? Wie soll ich für die Kinder da sein? Wie soll ich selbst klarkommen? Wie geht es weiter?

Es dauerte lange, bis ich in der Lage war, wieder einen klaren Gedanken zu fassen. Irgendwie funktionierte ich nur. Die Kinder mussten wieder zur Schule gehen, ich musste meine finanziellen Angelegenheiten regeln, brauchte so schnell wie möglich eine Wohnung und hatte nur noch den Wunsch, die Ehe so schnell wie möglich zu beenden.

Immer wieder rief Simon an oder stand einfach vor der Tür – jedes Mal stark alkoholisiert. Die Kinder versteckten sich, weinten und hatten Angst, er könnte sie mitnehmen, was er ihnen immer wieder androhte. Statt sich um positive Kontakte zu bemühen, setzte er uns alle unter Druck.

Nach einigen erfolglosen Versuchen, die er auch übers Jugendamt forcierte, sagte er zu den Kindern, dass er eh froh sei, sie los zu sein, da er nun tun und lassen könnte, was er will.

Hat. er nicht wenigstens einen Funken Liebe für seine Kinder?

Die Zeit verging, es dauerte Monate bis zum Scheidungstermin. Bis dahin gingen die Kinder längst zur Schule und in den Kindergarten, und ich hatte Arbeit als Krankenschwester in einem Pflegeheim um die Ecke bekommen.

Auch eine Wohnung hatte ich bereits in Aussicht, was allerdings noch dauern konnte.

Immer wieder wurde ich zu Gerichtsterminen vorgeladen, bei denen man mir androhte, die Kinder wegzunehmen, da ich doch eine schlechte Mutter sei, weil ich die Kinder offensichtlich beeinflusse, damit sie den armen Vater nicht besuchen wollen.

Niemanden interessierte es, dass die Kinder sich verzweifelt dagegenstellten, immer wieder das Erlebte als Grund hatten und ich sie eigentlich nur schützen wollte, indem ich seinem Druck auf dieser Basis nicht nachgab. Es wollte auch keiner hören, dass er Alkoholiker ist, uns alle in den letzten Jahren ständig geschlagen und kein Interesse an den Kindern hat, sondern offensichtlich selbst mit der Situation nicht klarkam.

Die Kinder litten fürchterlich, was sich nicht nur in der Schule auswirkte, sondern auch im Umgang miteinander. Immer wieder wurden auch die Kinder zu gerichtlich angeordneten psychologischen Gutachten zitiert – *weiß er eigentlich, was er den Kleinen antut?*

Im Lauf der Zeit beruhigte sich die Situation dann doch etwas. Konrad war rührend bemüht, uns in dieser schweren Zeit zu unterstützen. Langsam agierten wir alle zusammen wie eine Familie. Konrad ließ mich auch immer wieder in jeglicher Art wissen, dass er Gefühle für mich hat, womit ich aber lange Zeit absolut nichts anfangen konnte. Irgendwann, viele Monate später, passierte es dann doch, dass ich mich auf ihn einließ, und ein Jahr später heirateten wir sogar.

Nachdem es nun klar war, dass wir zusammenbleiben und auch wohnen werden, wurde auch deutlich, wir müssen an der Wohnsituation etwas ändern, da Konrads Wohnung für eine Familie mit vier Kindern doch eindeutig zu klein war – bisher hatten wir einfach nur improvisiert.

Wir beschlossen, uns nach einem Haus umzusehen, und nachdem das nicht wirklich klappte, war auch der Gedanke relevant, eventuell selbst eines zu bauen.

Was war geschehen? Wird unser Leben nun doch eine Wende nehmen? Wird mein Traum von einer heilen, glücklichen Familie doch noch wahr?

Krankenhaus

Alles sah danach aus, dass nun alles anders wird. Alle kamen wir nach und nach zur Ruhe.

Dann passierte es – ich hatte immer mehr und mehr gesundheitliche Probleme. Ich konnte mich zeitweise fast nicht mehr bewegen, hatte Situationen, bei denen ich meine Beine nicht mehr spürte, und Schmerzen im Rücken, die fast nicht mehr auszuhalten waren – bis es nicht mehr ging.

Der Arzt erörterte mir, dass ich mich auf einiges gefasst machen müsste, da die Prognose für mich nicht wirklich günstig stand.

Nach ein paar Versuchen, die Schmerzen medikamentös in den Griff zu bekommen, passierte es dann – ein Wirbel war endgültig ausgebrochen, blockierte Nerven und Rückenmark, und ich war der Situation völlig ausgeliefert.

Die Operation war schlimm, die Zeit danach verlangte mir fast Übermenschliches ab – aber auch das bekam ich in den Griff.

Ein Jahr später konnte ich wieder einigermaßen „normal" gehen, einige weitere Monate später konnte ich auch wieder Stufen steigen – die Schmerzen waren trotzdem noch immer schlimm –, ich lernte damit zu leben – viel zu groß war die Angst, von Schmerzmitteln abhängig zu werden.

Konrad war mir in der ganzen Zeit eine extrem große Unterstützung. Er kümmerte sich neben seiner Arbeit rührend um die Kinder und den Haushalt. Zudem hat er sich bemüht, nicht mehr auswärts arbeiten zu müssen, was auch geklappt hat.

Unsere Pläne, ein Haus für unsere Familie zu kaufen oder zu bauen, verfolgte er inzwischen sehr intensiv weiter.

Immer wieder investierte er sehr viel Zeit und Energie dafür und fand schließlich kein geeignetes Haus, aber ein tolles, kleines Grundstück am Land – in einem verträumten, kleinen Ort, in dem die Menschen noch sehr bodenständig lebten.

... und dann kamst du ...

Die Einsamkeit war dunkel und kalt, griff mich immer wieder mit Grausamkeit,
die Hoffnung gehörte vielen, aber nicht mir,
Geborgenheit war ein Gefühl, das ich noch nie kannte!
Die Aussichtslosigkeit war mein bester Freund,
und der Mut hatte mich schon vor langer Zeit verlassen.
Zukunft war ein Begriff, der mich verschmähte in allen Facetten,
Wärme hatte ich schon lange nicht mehr gefühlt.
Irgendwie wusste ich nicht, was Leben ist.
Ein Zustand im ewigen Kampf?
Ein ewiges Hoffen auf Wärme, Geborgenheit und Liebe?

Und dann kamst du!
Ich ging auf dich zu ...
Ich spürte Wärme ...
Ich spürte ganz einfach Liebe!
Und ich wusste, ich kann es, ich wusste es auf einmal. Und du warst da, einfach so!
Und ich ließ es zu.
Alle spürte ich sie ... die Hoffnung, die Geborgenheit, die Liebe.

Unser Haus

Dieser nette, kleine Ort, weit weg von der Stadt, sollte unsere neue Heimat werden.

Wir kauften das Grundstück und entschieden uns für ein Fertigteilhaus.

Das Problem war nur, dass das Geld vorne und hinten nicht reichte und wir den Keller und den gesamten Innenausbau in Eigenleistung übernehmen mussten. Konrad war hoch motiviert und sich sicher, dass das „alles kein Problem sei" und wir das auf jeden Fall bewältigen werden. Monate des Chaos waren die Folge. Wir hausten mit den Kindern im Keller zwischen Ziegeln, Dämmmaterial und Unmengen an Schmutz und Staub. Die Kinder mussten zur Schule. Die kleinen Engel nahmen das alles tapfer hin, freuten sich auf ihre eigenen Zimmer und halfen, wo immer es ging.

Trotz der großen Motivation lagen unsere Nerven blank. Streit war an der Tagesordnung, und die Kleinen waren all dem hilflos ausgeliefert.

Nach und nach kamen wir mit der vielen Arbeit voran. Meine Schmerzen brachten mich fast um. Die teils schlaflosen Nächte wurden unendlich lang, und allmählich wusste ich nicht mehr, ob ich die manchmal unerträglichen Schmerzen in dem ganzen Stress und Chaos noch lange durchstehen werde. *Ich sollte mehr auf mich achtgeben. Was passiert, wenn meine Platten und Schrauben in der Wirbelsäule nicht halten, weil ich viel zu schwer arbeite? Was wird aus den Kindern, wenn sich niemand mehr um sie kümmert?*

Konrad veränderte sich in dieser Zeit, und das sollte auch so bleiben. Wenn ich seine Lieblosigkeit nicht mehr aushalten konnte und ihn damit konfrontierte, war seine Erklärung, dass er nun mit mir verheiratet sei und es nicht mehr notwendig hätte, sich um mich zu bemühen. Auch die Kinder bekamen das schmerzlich zu spüren. Langsam wurde unser Alltag zu einem einzigen großen Problem. Ständig gab es Streit, zwischen uns, zwischen den Kindern, zwischen uns allen. Die Kleinen hatten auch zusehends Probleme in der Schule – sie kamen mit der ganzen Situation nicht mehr klar. Auch unsere finanzielle Situation wurde immer schlimmer. Unbezahlte Rechnungen häuften sich, die Kredite verschlangen fast alles, was uns zur Verfügung stand, und es war unmöglich, unser Haus endlich fertigzustellen. Konrad kümmerte das nicht sonderlich, er kaufte sich in dieser Situation wieder ein neues Auto.

In dieser Zeit hatte er sich auch fürchterlich mit seinem Sohn zerstritten, der die ganze Zeit mit uns gelebt hat und uns nun verließ. Konrad schien auch das nicht wirklich zu kümmern.

Seit Langem schon versuchte ich, Arbeit zu finden. Ich wollte mithelfen, unsere finanzielle Misere zu verringern. Das Problem war nur, dass mich niemand mit meinem gesundheitlichen Zustand einstellen wollte. Dazu kam noch, dass ich zwar eine Ausbildung zur diplomierten Krankenschwester hatte, in diesem Beruf seit meiner Operation nicht mehr arbeiten durfte und keinerlei Erfahrung in anderen Bereichen mitbrachte.

Konrad hatte eine Idee: Er träumte schon lange von einem eigenen Geschäft. Nachdem ich total entmutigt keine Chance sah, eine Arbeitsstelle zu bekommen, setzte ich mich mit dem Gedanken vom eigenen Geschäft auseinander.

Konrad war begeistert, da ich in kürzester Zeit ein offensichtlich realistisches Konzept entwickelte, das er auch schnellstmöglich umsetzen wollte. Mitten im Ort fand sich auch bald ein geeignetes Objekt, das wir anmieteten, renovierten und in kürzester Zeit in ein nettes Geschäft verwandelten. Konrad wich immer wieder vom ursprünglichen Plan ab, hochwertige Heimtextilien zu verkaufen, und schleppte Unmengen an verschiedensten Konkurswaren heran. Das Problem war, dass es sich nicht nur um Heimtextilien, sondern auch um Kleidung, Geschirr und allerlei anderen Hausrat handelte. Er wollte eine Art Discounter führen. Bald stellte sich heraus, dass das nicht die Art Geschäft war, die man im Ort haben wollte. Nach und nach bestellte ich für die

Kunden immer mehr von der ursprünglich geplanten Ware, da es in dieser Gegend keine vergleichbare Möglichkeit gab, diese zu erwerben. Im Schaufenster tobte ich mich kreativ so derartig aus, dass ich damit immer mehr und mehr Kundschaft anzog. Ich kreierte Unmengen verschiedener Figuren aus Frotteewaren, und die Kundschaft war entzückt. Bald schon kamen täglich Aufträge, und ich musste meine Mittagspausen durcharbeiten, um allen gerecht zu werden.

Das Geschäft lief unglaublich gut, der Umsatz war unerwartet hoch, und ich hatte Mühe, immer genug Ware nachzuordern. Meine Tage im Laden dauerten nun von frühmorgens bis spät abends. Nach und nach wurde mir bewusst, dass Konrad zwar immer und überall betonte, er sei der Chef, mich aber mit allem komplett allein ließ. Mein einziger freier Tag in der Woche war der Sonntag, und an diesem Tag musste ich die gesamte Hausarbeit, die liegen geblieben war, aufarbeiten. Zudem mähte ich noch den Rasen, kümmerte mich um die Buchhaltung fürs Geschäft und hatte auf einmal keine Zeit mehr, für meine Kinder da zu sein. Konrad verlor in dieser Zeit seinen Job und hatte keine Ambitionen, sich nach einem neuen umzusehen. Seine Begründung war schlichtweg, dass er das nun nicht mehr braucht, da er schließlich der Chef eines gutgehenden Geschäftes sei.

Tatsache war allerdings, dass er nun bis fast mittags schlief, dann im Geschäft auftauchte, die Kasse plünderte und mit Kumpels den Nachmittag in den Kneipen verbrachte.

Alles geriet aus dem Lot. Die Abrechnungen im Geschäft stimmten nicht mehr, das Geld, das ich brauchte, um Ware nachzuordern, war weg, wodurch viele enttäuschte Kunden wegblieben. Außerdem kümmerte sich niemand um die Kinder. Wenn sie im Geschäft nach der Schule auftauchten, machte Konrad schlimme Szenen, da es seiner Meinung nach geschäftsschädigend sei, wenn sich die Kinder dort aufhielten.

Ich war verzweifelt und total überfordert. Meine Bitten an Konrad, mir zu helfen – im Geschäft, im Haushalt – und sich während meiner Abwesenheit um die Kinder zu kümmern, gingen ins Leere. Er fühlte sich für nichts verantwortlich. Irgendwann war ich am Ende. Eines Morgens machte ich meine Drohung wahr, nicht mehr seine kostenlose Arbeitskraft zu sein, und forderte ihn auf, aufzustehen und selbst ins Geschäft zu gehen. Er weigerte sich, wurde aggressiv und „befahl" mir, gefälligst zu tun, was er sagt. Das reichte – ich gab ihm die Schlüssel vom Geschäft und informierte ihn darüber, dass ich das nicht mehr länger mitmache. Damit hatte er offensichtlich nicht gerechnet. Erst mittags fuhr er hin, hängte ein Schild an die Tür, auf dem stand, dass ab sofort geschlossen sei. Konrad hatte keinen einzigen Tag für sein Geschäft gearbeitet.

Von diesem Zeitpunkt an wurde unsere Beziehung immer schlimmer. Konrad entwickelte einen regelrechten Kontrollzwang. Er sperrte das Telefon, kontrollierte mich beim Einkaufen, indem er mir folgte, ließ nicht mehr zu, dass wir Besuch bekamen, und zwang mich mehr und mehr, das Haus nicht mehr zu verlassen. Das ging so weit, dass er anfing zu bestimmen, wie ich mich zu kleiden, zu frisieren und die Hausarbeit zu erledigen habe. Es war schrecklich.

Wie konnte es geschehen, dass ich wieder in so einer Situation bin? Was mache ich falsch? Wie kann ich meine Kleinen schützen? – Sie leiden!

Der Zusammenbruch

Alle meine Gefühle für Konrad erstickten in dieser schlimmen Zeit. Am meisten plagte mich aber mein schlechtes Gewissen den Kindern gegenüber. Es war meine Verantwortung, dass sie schon wieder vor einem riesigen Trümmerhaufen standen – und ich wusste einfach nicht, was ich tun sollte. Eigentlich hatte ich nur noch Angst; Angst vor Konrads Ausbrüchen, Angst vor den mittlerweile unüberwindbaren Schulden, Angst, all dem nicht mehr gewachsen zu sein – und offenbar war ich das auch nicht mehr. Eine schlimme Depression hatte mich im Griff. Je abweisender und aggressiver sich Konrad mir und den Kindern gegenüber verhielt, umso schlimmer wurde meine Verzweiflung der ganzen Situation gegenüber. Manchmal hielt ich es einfach nicht mehr aus, mit ihm in einem Raum zu sein, und hatte das Gefühl, nicht mehr atmen zu können. In diesen Augenblicken klinkte ich mich komplett aus, rannte aus dem Haus, hatte nur noch das Gefühl, ich muss laufen, weit weg – es war mir egal, ob es regnete, kalt war oder schneite, auch wenn ich manchmal barfuß war. Erst dann konnte ich wieder einen klaren Gedanken fassen. Manchmal konnte ich tagelang nichts essen, brachte keinen Bissen hinunter, musste mich ständig übergeben und war offensichtlich so geschwächt, dass ich zeitweise auch ohnmächtig wurde – in diesen Momenten wollte ich einfach nur sterben. Und dann fiel es mir wieder ein: *„Meine Kinder brauchen mich!"*

In meiner Verzweiflung sah ich nur mehr einen einzigen Ausweg – ich bat Konrad um die Trennung. Das war wahrscheinlich mein größter Fehler in diesem ganzen Dilemma. Konrad rastete völlig aus. Er drohte mir, dass er mir die Kinder wegnehmen und mich auch kein anderer Mann in Zukunft haben wird, wenn er das nicht kann. *Bin ich sein Besitz – sein Eigentum? Will er die Kinder als Druckmittel verwenden? Haben sie nicht schon genug mitgemacht?*

Ab diesem Zeitpunkt war mein Leben nur mehr die Hölle. Konrad sperrte mich mit den beiden Kleinen aus dem Haus. Meinen Großen versuchte er, mit Bestechung zu missbrauchen, um ihn dabei zu unterstützen, was ihm vorerst auch gelang.

Von jetzt auf nachher konnte ich nicht mehr ins Haus. Nachdem ich nicht wusste, was ich nun tun sollte, bat ich bei der Polizei um Hilfe, die aber nur meinte, dass man ohne richterlichen Beschluss nichts machen könne. Als Miteigentümerin des Hauses müsste ich mir den holen, und das könnte bis zu drei Monate dauern, bis dieser ausgestellt ist. Außerdem meinten sie, ich könnte doch inzwischen mit den Kindern in ein Hotel gehen und die Kosten dann nachher bei meinem Mann einklagen. Ich war fassungslos. Wenn das die einzige Chance sein sollte, dann war ich nun obdachlos, denn ich hatte auch kein Geld.

Über einige Umwege und Unterstützung einer Freundin bekam ich die Chance, vorerst in einer kleinen Wohnung in Wien unterzukommen. Diese gehörte einem Bekannten meiner Freundin. Er hatte sich die Wohnung nach seiner Scheidung behalten, da sie sehr günstig war, aber mittlerweile seit drei Jahren nicht mehr bewohnt, da er zu seinen Eltern gezogen ist. Sie war fürchterlich schmutzig und direkt über einer extrem lauten Hauptverkehrskreuzung mitten in der Stadt, aber das war alles kein Problem – Hauptsache, ein Dach über dem Kopf. Der Deal war, dass ich dort bleiben kann, bis ich eine eigene Bleibe finde, wenn ich sämtliche Miet- und Betriebskosten für die Zeit meines Aufenthalts bezahle. Für mich war das wie ein Geschenk des Himmels, da ich nicht wusste, wo ich mit den Kindern hin sollte. Sofort regelte ich alle Geldangelegenheiten, ging zur Bank, eröffnete ein eigenes Konto, war beim Finanzamt, um dies dort bekannt zu geben, und erreichte auch Simon. Zumindest hatte ich das Kindergeld und den Unterhalt von Simon für die Kinder zur Verfügung, wenn auch sonst nichts, aber irgendwie würden wir das schon schaffen. In der

Zwischenzeit half mir meine Freundin über die Runden, da das alles nicht so schnell ging.

Mein Großer blieb wirklich bei Konrad, und es hatte für mich den Anschein, dass er immer noch hoffte, wir können im Haus bleiben. Er hatte sich so gefreut, endlich ein richtiges Zuhause zu haben, mit viel Platz, neuen Freunden – das sollte alles schon wieder zunichte sein. Ich hatte große Angst um ihn.

Immer wieder bekam ich Meldungen von verschiedenen Institutionen, dass Konrad aufgetaucht sei und angegeben hat, welch schlechte Mutter ich sei und dass er Unterstützung brauche, sich um die armen Kinder zu kümmern, er hatte sogar einen Antrag auf das Kindergeld gestellt. Im Endeffekt bot man mir fast jedes Mal an, mir zu helfen, da ich mit so einem aggressiven Mann offensichtlich Hilfe nötig hätte – man schilderte mir immer wieder, in welcher Art er jeweils aufgetreten war. Allerdings wusste niemand in der momentanen Situation Rat. Alle meinten nur, dass es das Beste wäre, sofort die Scheidung einzureichen und dafür zu sorgen, meinen Großen so schnell wie möglich zu mir zu holen. Alle Versuche, um Hilfe zu bitten, eventuell schnell zu einer eigenen Wohnung zu kommen, scheiterten.

In dieser ganzen Zeit ging der „Terror" weiter. Immer wieder passte mich Konrad ab, drohte mir, mich umzubringen, versuchte, die Kinder zu treffen, sie einzuschüchtern. Als ich bei der Polizei um Hilfe bat, wies man mich ab mit der Begründung, dass es nicht genügt, mich zu bedrohen, sie könnten erst tätig werden, wenn er mir wirklich etwas antun würde. Wieder einmal versank ich im Gefühl der Verzweiflung.

In der Zwischenzeit hatte die Schule wieder angefangen. Die beiden Kleinen gingen nun schon wieder in eine neue Schule und bemühten sich sehr, ihre Sache gut zu machen. Mein Großer war für mich nicht erreichbar, und auch wenn ich zum Haus fuhr, hatte ich keine Chance, dass jemand die Tür öffnete. Irgendwann fand ich heraus, dass er weit weg in einem Internat sei und es ihm total schlecht ginge. Sofort machte ich mich auf den Weg zu ihm. Ein Telefonat mit seinem Lehrer gab mir dann die Gewissheit, und wir vereinbarten, dass ich ihn so schnell wie möglich zu mir hole, was ich auch tat.

Er war in einem schrecklichen Zustand. Einerseits war er komplett verwahrlost, andererseits in einem schlimmen emotionalen Zustand. Es zerriss mir das Herz. Er zeigte mir zwar, dass er froh war, wieder bei uns zu sein, ließ mich aber nicht wirklich an sich heran – es war, als stünde eine unüberwindbare Mauer zwischen uns –, und das tat schrecklich weh. Irgendwie gab er mir das Gefühl, dass er ein schlechtes Gewissen hat. Er redete auch nicht mit mir über die Tatsache, dass ich mit seinen Geschwistern nicht ins Haus konnte und auch er uns die Tür nicht öffnete. Wie sollte ich ihm begreiflich machen, dass das nicht wichtig war, dass einzig und allein zählte, dass er wieder bei uns war, dass ich so große Angst um ihn hatte und ihn unendlich vermisst habe?

Trotz allem war ich unendlich glücklich, alle meine Kinder wieder bei mir zu haben.

Wie soll es nun weitergehen?

Meine finanziellen Mittel waren sehr bescheiden, wir kamen gerade so über die Runden, indem wir nur das Nötigste aßen und sonst keine Ausgaben hatten – die Kinder waren so tapfer, sie haben sich nie beschwert. Auch zeigte sich, dass es so gut wie unmöglich ist, in kurzer Zeit in der Stadt eine erschwingliche Wohnung zu finden, die nicht in einem erbärmlichen Zustand ist, da die privaten Vermieter solche Situationen schamlos ausnutzten.

Das Ende

Mein sogenannter Vermieter tauchte immer öfter in der Wohnung auf. Immer wieder versuchte er, mir näherzukommen, was für mich fast unerträglich war. Eines Tages beschloss er sogar, ab sofort zu bleiben und zwar ständig – zudem hatte er eine große Reisetasche mit. Er erörterte mir auch, dass er inzwischen tiefe Gefühle für mich hätte und sich gut vorstellen könnte, gemeinsam mit mir zu leben. Auch ließ er keinen Zweifel daran, dass er das ernst meinte. Es war fast unmöglich, ihn auf Abstand zu halten. Da war es auf einmal wieder, dieses Gefühl von Angst, Ablehnung und Ekel. Es interessierte ihn überhaupt nicht, wie ich darauf reagierte.

Das größte Problem war, dass ich nicht wusste, wie ich aus dieser Falle wieder herauskommen sollte, da ich nur die Chance hatte, dem zu entkommen, wenn ich so schnell wie möglich wieder mit den Kindern auszog. Aber wo sollte ich denn hin?

Das war zu viel für mich. Nicht nur, dass die Kinder provisorisch auf Matratzenlagern schliefen, da die Wohnung winzig klein war, hatte ich nun das nächste Problem: Als ich ihm nämlich klarmachte, dass ich im Moment alles andere als einen Mann gebrauchen kann, wurde er aggressiv. Er stellte mir ein Ultimatum von einer Woche, dann sollte ich die Wohnung mit den Kindern verlassen haben, ansonsten wirft er uns eigenhändig raus.

Wochenlang war ich schon bei den Wohnungsämtern, dem Jugendamt, dem Sozialamt und dergleichen unterwegs immer mit der Bitte, mich dabei zu unterstützen, eine Wohnung zu bekommen, die ich mir auch leisten kann – mehr wollte ich doch gar nicht. Das Einzige, das ich angeboten bekam, war, dass ich mit den Kindern ins Obdachlosenheim ziehen kann, da es noch Monate dauern kann, bis ich eine Wohnung bekommen könnte, und es war schon Anfang Dezember. Dieser Gedanke war für mich unvorstellbar – lieber würde ich mit den dreien in der U-Bahn-Station übernachten. Wieder einmal hat das Schicksal zugeschlagen und mich vor eine unüberwindbare Situation gestellt. Wie soll ich das den Kindern erklären? Wie sollen sie das verstehen, dass wir wieder weggehen, aber wieder keine eigene Wohnung haben? Wann werden wir endlich zur Ruhe kommen?

Da war sie wieder, diese Ausweglosigkeit! Langsam habe ich keine Kraft mehr. Alles in mir ist so leer! Ich habe bisher alles in meinem Leben falsch gemacht!

Am Abend zog ich los. Ich musste raus, hatte wieder einmal das Gefühl, ich ersticke. Stundenlang lief ich durch die Nacht – durch diese große Stadt –, es war bitterkalt, trostlos und die Straßen fast menschenleer – und ich fühlte gar nichts. Irgendwann stand ich dann auf dieser großen Brücke ...

Was kann ich nur tun? Wie kann ich dafür sorgen, dass es meinen Kindern wieder besser geht? Solange es mich gibt, haben sie offensichtlich keine Chance, was bleibt mir anderes übrig, als für immer aus ihrem Leben zu gehen? Vielleicht begreift dann jemand, dass ich nicht in der Lage war, ihnen ein Zuhause zu geben, das für sie Sicherheit und Geborgenheit heißt! Solange ich da bin, geht man immer davon aus, dass ich allein dafür sorgen kann – wieso kann ich das niemandem begreiflich machen, dass ich ganz einfach nur ein wenig Hilfe dabei brauche? Ich sollte endlich springen, dann haben sie bestimmt eine Chance, dass man besser für sie sorgt, als ich das je konnte!

Aber wenn ich das jetzt mache, dann werden sie noch trauriger sein, sie werden nicht verstehen können, warum ich sie auch noch im Stich gelassen habe, ich war doch immer die Einzige, die für sie da war – war ich das wirklich?

Nein, ich kann den Gedanken nicht ertragen, sie allein zu lassen – ich liebe sie doch so sehr!

Meine Kleinen haben es verdient, dass ich für sie kämpfe, ich, ihre Mutter – mein Gott, was ist passiert, wie konnte es nur so weit kommen? Ich schäme mich so sehr ...

Erinnerungen ...

Erinnerungen
schweben vorüber
wie Wolken,
mal weiß und kleine Schäfchen,
mal grau und Erinnerung an Regen
oder schwarz und Gewitterzeit.

Erinnerungen, Tage und Situationen im Gehirn gespeichert.
Schöne Tage, die ein Lächeln ins Gesicht zaubern.
Graue Tage mit Melancholie.
Und die schwarzen Stunden, die manche verdrängen und die bei anderen
immer und immer wieder dunkle Gedankenbilder bringen.

Vielleicht sollten wir die Vergangenheit ruhen lassen,
denn wir können nichts mehr daran ändern.

Aber die Gegenwart können wir gestalten,
denn die wird in ein paar Jahren Erinnerung sein.
Ob diese weiß, grau oder schwarz sind ...?
Es liegt auch an uns, der Gegenwart eine Farbe zu geben.

Inhalt

Meine Heimat ... 8
Der Abschied ... 16
Sehnsucht ... 19
Großmutter ... 20
Bleib nicht stehen ... 23
Schwimmen ... 24
Schule ... 28
Der Tod kam schnell ... 33
Und sie brannten tief in meiner Seele ... 36
Weihnachten – das Fest der Liebe und des Friedens ... 39
Diese Schweine ... 42
Gewitter ... 48
Schläge ... 51
Skikurs ... 55
Träumen ... 59
Lehrjahre ... 61
... ich habe sie umgebracht 65
Kloster ... 68
Männer ... 70
Das Märchen von der neuen Welt ... 72
Kinder ... 73
Manchmal reich' ich dir die Hand ... 75
Alkohol – Drogen – Gewalt – Schulden ... 76
Papa, wo bist du? ... 79
Flucht ... 82
Angst ... 84
Konrad ... 85
Krankenhaus ... 88
... und dann kamst du 89
Unser Haus ... 90

Der Zusammenbruch..94
Das Ende...98
Erinnerungen 100